Bitcoin: Historia y Guía Completa
¿Quién está detrás?
Por
Colin Rivas

ISBN 9780359670086

CONTENIDOS

"Dadme el control del suministro de dinero de una nación y no me importará quién haga sus leyes."

Mayer Amschel Bauer Rothschild

BitCoin *n.*

bit•co•in [signo: ₿; abr.: BTC, XBT] *es una criptomoneda, sistema de pago y mercancía Nota 1. El término se aplica también al protocolo y a la red P2P que lo sustenta, y de forma común se denomina como una moneda digital. Concebida en 2009, se desconoce la identidad última de su creador o creadores, apareciendo con el seudónimo de Satoshi Nakamoto. Se sustenta en la tecnología blockchain, semejante a un gran libro contable, público y distribuido, en el que queda reflejado el histórico de todas las transacciones, en lo que se conoce como cadena de bloques , difícilmente falsificable. Generalmente se usa Bitcoin para referirse a la red o al protocolo y bitcoin (también recomendado en español bitcóin, plural bitcoines) para referirse a las unidades monetarias.*

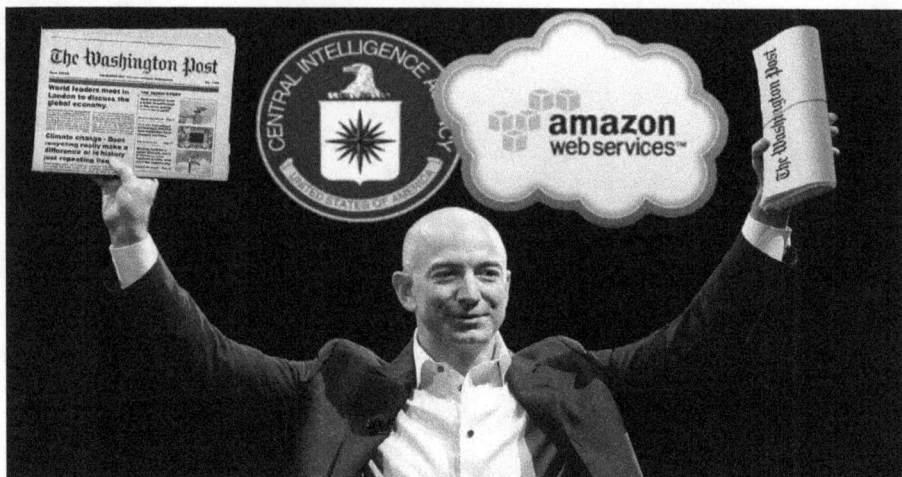

¿Sabes el nombre y la dirección de la persona propietaria del banco donde tienes tu dinero?

¿Sabes el nombre y la dirección de la persona que es propietaria de la empresa a la que le encargas tu pensión?

¿Qué plan tienes para recuperar tu dinero si el banco quiebra y cierra?

Lo más probable es que no tengas ni idea de cuál es el nombre y la dirección de alguien a quien le paga miles de dólares o euros al mes y confíes en ellos sin una pizca de evidencia para saber si son de confianza o no.

No sabes NADA sobre las personas que tienen el control de tu cuenta bancaria, pero ellos saben TODO sobre ti.

No sabes NADA sobre las personas que tienen el control de tu cuenta de Amazon, pero ellos saben TODO sobre ti.

No sabes NADA sobre las personas que tienen el control de tu cuenta de Google, pero ellos saben TODO sobre ti.

No sabes NADA sobre las personas que tienen el control de tu cuenta de Facebook, pero ellos saben TODO sobre ti.

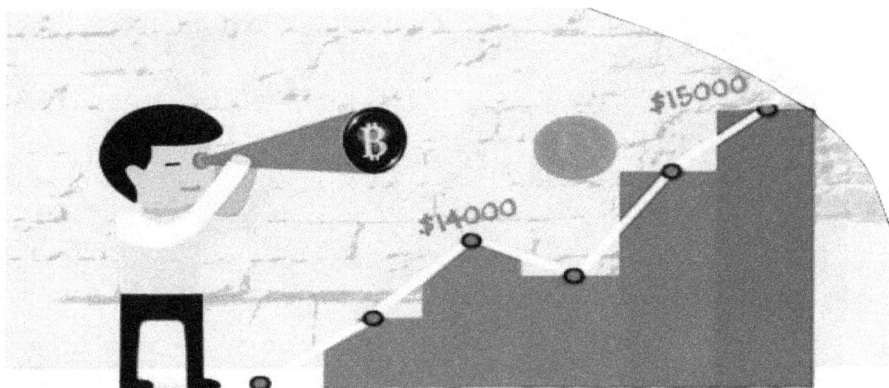

De hecho, la mayoría de los Planes de Pensiones son estafas donde la semana anterior a recibir un pago aparece una carta directa que expone explicando que 'los mercados no se han alineado' de acuerdo con tu pensión indexada y por lo tanto tendrás suerte si vuelven incluso a lo mismo que pagaste al principio. ¿Qué pasa con las cuentas de ahorro en tu banco? Obtendrás un 2% si tienes suerte.

¿QUÉ PASA CON EL ORO, LA PLATA Y EL PLATINO?

Simple, no puedes bajar y comprar una pizza con un bloque de oro, pero puedes hacerlo con BitCoin.

Un BitCoin cuesta miles de dólares, pero no necesitas comprar un BitCoin entero: puede comenzar digamos $50 comprando una fracción de un BitCoin. Si hubieras comprado $50 en BitCoin en 2016, hoy tendrías un valor de $790.

Solo habrá un máximo de 21 millones de BitCoins en circulación en todo el mundo. El precio futuro más probable de BitCoin será de aproximadamente $ 200,000 a $ 250,000 por moneda. Puedes comprar artículos pequeños y grandes con BitCoin: solo pagas el precio que indique en dólares, libras o euros, y las billeteras digitales inteligentes transfieren tu BitCoin a un proveedor en consecuencia: por ejemplo, puedes comprar un café de 99 centavos o un Supercoche Jaguar de $99,000: todo con BitCoin. Nunca debes preocuparse del fraude con BitCoin porque es un sistema antifraude independiente y descentralizado.

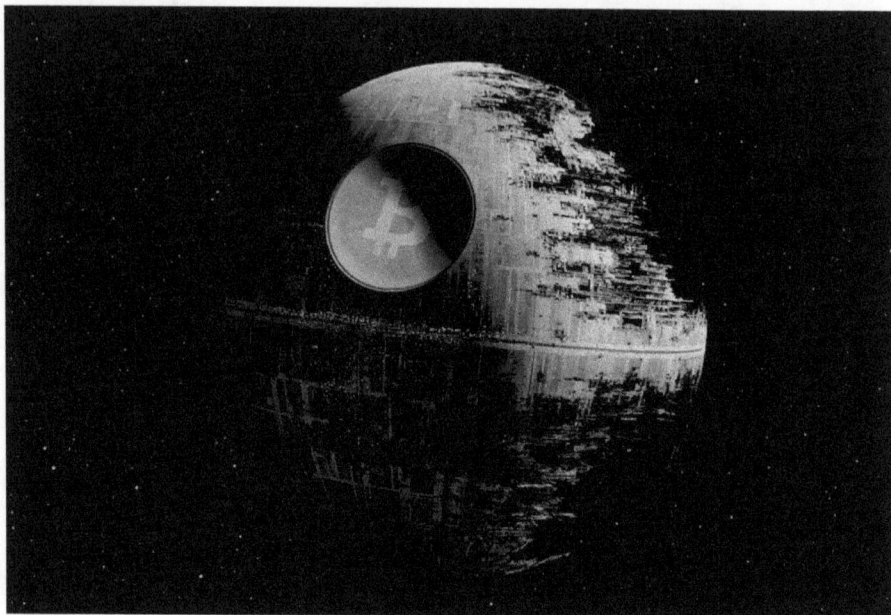

"Es el mayor golpe de la historia". El golpe multimillonario de BitCoin está sucediendo ahora mismo. Este libro lo dice con pelos y señales lo que es ... Así que la clase trabajadora puede hacerse rica, y los bancos al fin pierden su control sobre las finanzas de las naciones."

"UN BITCOIN CUESTA MILES DE DÓLARES, PERO NO NECESITAS COMPRAR UN BICOIN ENTERO - PUEDES COMENZAR CON SÓLO UNA FRACCIÓN DE UN BITCOIN, POR EJEMPLO, AL COMPRAR $50 DÓLARES."

"Durante todo el proceso de la 'crisis financiera' mientras las monedas fiucitarias bajaban, el valor de BitCoin subía."

INTRO

Durante todo ese período crítico en el que los precios de las casas caían, BitCoin subía. Pero las principales noticias de la CNN y BBC TV nunca mencionaban ni una palabra del tema BitCoin. Incluso cuando BitCoin saltó desde marzo de 2017 de $954 a $16,000 + por moneda en diciembre del mismo año, la BBC nunca dijo una palabra. ¿Por qué? Porque BitCoin NO ES CONTROLABLE POR EL ELITE REAL-POLÍTICA. Cuando los bancos ejecutaron hipotecas de millones de personas mientras recibían simultáneamente nuestros impuestos como efectivo de rescate de los países gratis, nunca dijeron que podrían salvar sus problemas financieros simplemente poniendo sus pagos de hipoteca en BitCoin y cancelando así el valor decreciente de su propiedad. Ningún banquero, en ningún momento, en ningún lugar del mundo dio ese simple consejo a ningún cliente durante todos esos años.

BITCOIN FUE DISEÑADA PARA DERROTAR A LOS BANQUEROS

AHORA BITCOIN ES VIRAL ... A través de las 2.000 posts en TWITTER/COLINRIVAS que he hecho sobre BitCoin y nuestro documental sobre esto en YouTube, que se emitió por primera vez en septiembre del 2017, BitCoin, EOS, Ethereum y LiteCoin se han disparado. El **Blockchain** es como un libro digital gigante. El libro de contabilidad basado en blockchain de Bitcoin almacena cada transacción realizada en la plataforma para siempre. BlockChain no se almacena en un ordenador central y, por lo tanto, no puede ser pirateado. No se publican nombres ni direcciones de ningún propietario de BitCoin en Blockchain. El Blockchain está diseñado desde el principio para ser "*ciego*" a las identidades de las personas. BitCoin siempre tuvo la intención de permitir una nueva forma de dinero que los **Banquerosos** no pueden robar a las personas más pobres o pequeñas. El anonimato era una gran preocupación para el inventor/res del Blockchain.

REVOLUCIÓN BITCOIN

Aunque BlockChain no publica los nombres del remitente o receptor del dinero digital, cada transacción se identifica mediante una identificación de transacción única. Han surgido sitios web que analizan BlockChain, que son como los motores de búsqueda del sistema BlockChain, y tu puedes investigar transacciones individuales usando www.BlockCypher.com escribiendo cualquier ID de transacción individual.

El documento original que lanzó Bitcoin, "Bitcoin: un sistema de efectivo electrónico punto por punto", alentó a los usuarios a cambiar las direcciones [mediante el uso de múltiples billeteras digitales] para cada transacción y evitar que así se vinculasen y rastreasen a un solo usuario. Este sistema mantendría el anonimato de los usuarios de Blockchain, y sin tener nombres y direcciones, ¿cómo freirían los gobiernos ilegalmente a impuestos a los pobres?

Sin embargo, pronto se introdujeron estrictos protocolos de verificación de identificación en el punto donde compras tu BitCoin usando una tarjeta de crédito. Tuve que posar para un video en vivo frente a mi cámara web en dos ocasiones y entregar todo mi conjunto de datos y una copia de mi pasaporte a la empresa verificadora que son empleados de la empresa de ventas BitCoin a la que compré mis primeros lotes de BitCoin.

No es necesario que seas Sherlock Holmes o un lumbreras para determinar que las trampas impositivas del gobierno emitirán órdenes del juzgado de guardia más tarde o temprano para obtener los datos de clientes. No necesitas sufrir. Puedes ir a un paraíso fiscal fisica o digitalmente hablando ...

Cuando deseas cobrar y convertir BitCoin en dólares, casi todos los intercambios digitales insisten en algún tipo de método de verificación que generalmente utiliza mensajes de texto SMS. Por lo tanto, para mantener un poco de anonimato, debes planificar cuidadosamente cómo obtener una tarjeta SIM de Pre-pago [comprar con dinero en efectivo]. Se advirtie aquí y ahora que algunos números de pago por uso están "bloqueados" deliberadamente para que muchos sitios web los utilicen para la verificación.

LOS BANCOS JODEN
LA GENTE.

Y AHORA, CON
EL PODER DE
BITCOIN, LAS PERSONAS
NORMALES NO NECESITAN A LOS BANCOS
NUNCA JAMÁS.

AHORA LA GENTE
SE ESTÁN REVELANDO.

BITCOIN NO ES
SOLO UNA NUEVA FORMA
DE DINERO. ES UN
NUEVO CAMINO DE HACER
UN BANKING MÁS PERSONALIZADO.

¿ES BITCOIN EL TAN LLAMADO "NUEVO ORDEN MUNDIAL SIN EFECTIVO" CON EL QUE LOS TEÓRICOS DE LA CONSPIRACIÓN NOS LLEVAN AÑOS ADVIRTIENDO?

BITCOIN NO ES DISEÑADO, ADMINISTRADO NI SUPERVISADO POR NINGÚN BANCO. No. Y BitCoin **NO** está controlado por George Soros ni los Rothschild ni los superbancos de America o nación. Y **NO** está controlado por sistemas de *"Inteligencia Artificial Alieníjenas."* El modelo de una sociedad sin efectivo fue diseñado y probado en Gran Bretaña, cerca de donde vivo actualmente.

21st May 2014

How smart was that?

Barry Leighton

Adver newspaper vendor Don Stanley, 72, is flung into the limelight by accepting the world's first electronic cash payment – 28p for a copy of our Mondex special edition

BARRY LEIGHTON revisits the electronic cash revolution of 1994...

TO borrow a line from an old HG Wells novel, it was the shape of things to come... a society where grubby notes and pockets full of change had become a spent force – something to reminisce about alongside the eight-track cartridge, loon pants and the Watneys' Party Seven.

And in all the towns in all the world, Swindon was where it would all begin. The "electronic cash" revolution, that is. At least, that was the plan. Twenty years ago this spring financial institutions around the globe cast their collective eye upon our unlikely Wiltshire town.

Swindon in 1994 was chosen for a unique experiment that, it was envisaged, would bring to an end to more than 1,000 years of tradition – the way people bought and sold goods. A new company called Mondex had created a "smart card" that would see the pound in your pocket vanish. Carrying cash would become a thing of the past. You won't need the stuff anymore. No more holding folding.

La primera ciudad en probar el sistema sin dinero efectivo fue Swindon, en 1994 -artículo arriba- en Wiltshire y fue un completo fracaso. BitCoin **NO** está diseñada, gestionada ni supervisada por ningún banco. Si todo el sistema BitCoin y cada gran equipo de minería BitCoin, además de todos los intercambios de BitCoin fueran pirateados y hakeados en secreto, sí, potencialmente, se podría hacer un gran daño a las ganancias que las personas han hecho desde que se lanzó BitCoin en la crisis financiera del 2008 . Pero eso es casi una imposibilidad.

La *"abolladura"* o daño más probable que los Banquerosos podrían infligir, sería una depresión temporal falsa en el precio de BitCoin y de todas las demás monedas digitales que podrían ser modificadas por una versión financiera del Doctor Maligno. Un truco o hackeo entero de BlockChain es imposible debido a la forma en que su arquitectura está descentralizada. Para que ocurra un gran golpe, los múltiples servidores en múltiples ubicaciones tendrían que ser alterados, algo que solo MI6, NSA, CIA, Apple o Google podrían tener la experiencia necesaria.

Además de eso, los chips de memoria basados en satélites orbitando alrededor en el espacio también tendrían que ser deshabilitados. Es muy poco probable que haya una piratería física y multinacional a gran escala.

No señor, son los Intercambios digitales y los pequeños quienes serán blanco de pedo-políticos que captan dinero, no un gran robo o golpe en el sistema BitCoin. Está claro para mí que diciembre de 2017 fue el comienzo de una campaña internacional de piratería a BitCoin organizada internacionalmente y que debe ser, por su puro alcance y naturaleza **GLOBAL**, orquestada por los **Banquerosos**.

SOLO HABRÁ
SIEMPRE UN
MÁXIMO DE
21,000,000 DE
BITCOINS EN
CIRCULACIÓN EN
TODO EL MUNDO MUNDIAL.

BITCOIN NO ESTÁ
DISEÑADA,
GESTIONADA O
SUPERVISADA POR
LA BANCA.

LA CRIPTOMONEDA O BITCOIN
NO ES LA MARCA DE LA BESTIA
¡ASÍ QUE NO TE PREOCUPES HOMBRE!

CAPITULO I
SE DICEN
MUCHAS COSAS...

«CON BITCOIN LOS ORDENADORES Y LA PROPIA GENTE EMITEN MONEDA»

El dinero siempre es un asunto político. Algo que resulta evidente cuando discutimos sobre la política de la Reserva Federal de Estados Unidos, o quién debería dirigir la institución encargada de fijar los tipos de interés. Durante más de mil años hemos discutido sobre la naturaleza de nuestros sistemas monetarios y hemos pasado por distintas formas de hacer pagos. Visto en este contexto histórico, Bitcoin y otras criptomonedas no son más que el último de una larga lista de los desafíos a la tecnología predominante, y a los acuerdos políticos vigentes.

El entusiasmo por las criptomonedas se basa, en parte, en una frustración muy razonable con nuestros acuerdos existentes. La gente de izquierdas que desconfía del poder acumulado por los megabancos globales en las últimas décadas se ha unido a la gente de derechas que cree que el gobierno ocupa demasiado espacio. Pero la historia sugiere que construir un sistema de pagos nacionales e internacionales completamente fuera del control de los gobiernos no será fácil.

En pocas palabras al igual que el internet no puede ser controlado por los gobiernos ni políticos ni bancos, los magnifico y bello del bitcoin es que tampoco puede ser controlado por ellos ni los políticos ni los illuminati ni nadie... a no ser... claro ... que..

Haya una reacción política encabezada por los poderosos intereses de los bancos y poderes facticos. Destacarán cualquier ilegalidad dentro del sistema de Bitcoin y harán presión política en busca de legislaciones restrictivas.

La Red Bitcoin es una red P2P, similar a BitTorrent o eMule. Un sistema informático que procesa transacciones las 24 horas del día. Estas son transacciones en bitcoin, una unidad de cuenta en esa red. La unidad de cuenta, el bitcoin, tiene 8 cifras decimales. Actualmente hay unos 16,5 millones en circulación y sólo habrá -casi- 21 millones de bitcoins para siempre. En resumen, la Red Bitcoin es a la vez un banco (de bitcoins), un banco central (que emite bitcoins) y un procesador de pagos totalmente automatizado y que funciona todo el día sin parar. Por ejemplo, en blockchain.info vemos trabajar a la red procesando pagos automáticamente y los bloques de transacciones (casi) en tiempo real. La Red Bitcoin es un supercomputador que a finales de 2013 era 210 veces más potente que los 500 mayores supercomputadores juntos (comparando FLOPS vs hashes/s). En abril de 2014, la potencia computacional de la red era de más de 50 petahashes/s o 50.000 billones de hashes/s.

Pool de minería : El bitcoin se concibe como oro digital. El minado de bitcoins es similar a una lotería, donde las máquinas intentan resolver problemas criptográficos probando combinaciones para validar bloques de transacciones.

Los circuitos **ASIC** (Application Specific Integrated Ciurcuit), diseñados específicamente para resolver los problemas criptográficos del protocolo Bitcoin. Y "*minero*" Terraminer. Por otra parte tenemos lo que se conoce como el **protocolo Bitcoin** en telecomunicaciones, un protocolo es la "lengua" que hablan los dispositivos electrónicos (routers, ordenadores, etc). Ejemplos: TCP/IP (principales protocolos de Internet) HTTP (protocolo web) SMTP/POP (email) etc. El protocolo Bitcoin es el software open source desarrollado por los ingenieros de la fundación Bitcoin y que gobierna la red. En el mundo físico, usamos candados, cajas fuertes y las cámaras acorazadas de los bancos para guardar joyas, dinero, documentos o cualquier cosa de valor.

En el mundo digital, para proteger la información, usamos la criptografía, que se basa en la rama de las matemáticas conocida como Teoría de Números. El protocolo Bitcoin usa los algoritmos de encriptación SHA-256, RIPEMD-160 y además usa funciones elípticas. Usa el algoritmo ECDSA (Elliptic Curve Digital Signature Algorithm) y la curva Secp256k1. Por tanto, El protocolo de la tecnología Bitcoin permite la sincronización de bases de datos descentralizadas. En la red Bitcoin, cada minero tiene una copia del registro de transacciones en la red llamado cadena de bloques o blockchain. El sistema *garantiza* de forma criptográfica que las *transacciones* sean irreversibles y *evita el hackeo* de un **double spending** –fraude– mediante un ejercicio de **Proof of Work**.

Tras unos 10 minutos de promedio llegan a un consenso sobre la solución y añaden el siguiente bloque. Al minero que descubre el siguiente bloque se le **recompensa** con un número de Bitcoins, decreciente en el tiempo, con el que el dueño paga el coste de mantener la instalación. Ver p.ej. este pool de minería en Islandia.

También dentro de este, existe la **cuenta o monedero** (wallet) que en la red Bitcoin se compone de un par de claves públicas/privadas de caracteres alfanuméricos. La clave pública es comparable al número de cuenta de una cuenta bancaria. La clave privada es comparable al PIN, y se crea una cuenta sólo con pulsar un botón. Espacio de direcciones = 2160 ó 1,46x1048,

Clave pública (empiezan con 1 ó 3).
Ejemplo: 31uEbMgunupShBVTewXjtqbBv5MndwfXhb
Clave privada.
Ejemplo:
5Kb8kLf9zgWQnogidDA76MzPL6TsZZY36hWXMssSzNydYXYB9KF

Inicialmente, la minería de bitcoin se llevada a cabo por aficionados con PCs convencionales. Actualmente la minería se lleva a cabo de forma industrial. De promedio se generan 25 BTC cada 10 minutos (3600 diarios). Pero hoy en día está previsto que el protocolo divida la recompensa (12,5 BTC/bloque o 1800 diarios). Y después tenemos los **hardcore miners**.

El **BitCoin**, como hemos visto hasta ahora, se concibe como un tipo de **oro digital**. La oferta monetaria está regulada matemáticamente simulando la extracción de oro. Cada 210.000 bloques generados (aprox. cada 4 años) el protocolo que gobierna el sistema divide por 2 la recompensa. **Poseer Bitcoins** no es más que poseer una parte del total de bitcoins existentes (un slot) en esa red de pago (es algo así como comprar éter). Invertir en bitcoin es apostar a que parte del comercio electrónico y en tiendas físicas, además de posibles futuras innovaciones financieras, pasen por ese canal de pago.

¿Cómo funcionan las transferencias? Realmente, no es que se tenga un apunte contable asociado a una cuenta tal que así: Dirección A 12,3 BTC Dirección B 1,4 BTC Dirección C 14,3 BTC Dirección D 1002,1 BTC …

El protocolo Bitcoin, **Blockchain** o **cadena de bloques** (antecedentes o histórico de transacciones) **Transaction chain** o Cadena de transacciones (cadena o histórico de propiedad) es algo más sofisticado y elegante: lo que se tienen son *inputs* y *outputs* de transacciones en el Transaction chain (otra estructura distinta al Blockchain) y de ahí se hace un balance o saldo por bloques • El protocolo escala por el Transaction chain con **backpointers** (referencias hacia atrás) haciendo las sumas de inputs y outputs en los bloques. El sistema garantiza que en cada momento el número total de bitcoins (la oferta monetaria) esté definida, al no dejar gastar más de nuestro saldo: *Saldo = Σ inputs – Σ outputs*

Bitcoin como moneda parece estar diseñada para ser **deflacionaria**. Sólo habrá 21 millones, y cada vez se generarán menos. Con 8 cifras decimales (milibits, microbits o bits y satoshis). Si alguien pierde su par clave pública-clave privada (descuido, fallecimiento, etc.) o hace un pago a una dirección errónea esos bitcoins dejan de ser accesibles y se "pierden" para siempre. Por tanto, la economía bitcoin, además ser **muy eficiente**, parece ser deflacionaria (al igual que la tecnología en general gracias a la Ley de Moore y Ley de Metcalfe)

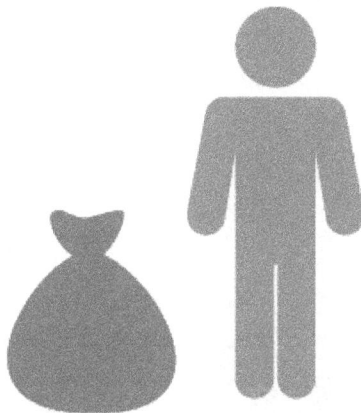

¿Qué ventajas hay con este sistema de BitCoin o criptomoneda?

Hacer un pago con bitcoin es como enviar un correo electrónico. Las comisiones son mínimas. Una transferencia y conversión USD-EUR con bitcoin tiene un coste de 1- 1.5% vs Visa 5% vs transferencia bancaria 5-8%. La transferencia tarda 5-10 min vs p.ej. transferencia SEPA (sólo en la UE) es de 1-3 días laborables. Es un sistema muy eficiente, precisamente porque el trabajo de mover valor lo realizan sólo máquinas. Tiene el potencial de ser muy disruptivo en la economía y las finanzas. Hay más de 1 millón comercios que aceptan bitcoin y esta cifra esta ascendiendo continuamente, solo ya Japón en verano del 2018 tendrá más de 300 mil tiendas que aceptaran criptomonedas incluido bitcoin. Entre ellas grandes multi nacionales como Microsoft, PizzaForCoins, Expedia, Overstock.com, Subway , KFC, Wholefoods, etc…

LOS CAJEROS DE BITCOIN
Cuota de mercado de los fabricantes de cajeros Bitcoin en 2018

- 35,73% Genesis Coin
- 27,51% General Bytes
- 13,78% Lamassu
- 7,19% Coinsource
- 3,74% BitAccess
- 3,08% Covault
- 1,96% BitXatm
- 7,01% Otros

2.143
Cajeros Bitcoin instalados en el mundo

4,3
Cajeros nuevos cada día

40
Cajeros en España

Datos de 29 de enero de 2018

Expansión statista

Hay ya miles de cajeros de bitcoin. Pagando en dinero fiat y escaneando un código QR se obtienen BTC. Las propinas y pagos por contenido online. Y hay partidos políticos que aceptan bitcoin como donación para sus campañas. Seguramente iremos viendo en más y más sitios online y comercios físicos logos. Además de bitcoin, litecoin es otra criptomoneda que se mina con tarjetas gráficas. La desarrolló un ex-ingeniero de Google, y tenemos la intuición que igual Microsoft, Apple o el mismísimo Google en un futuro no muy lejano crearán su propia criptomoneda en este ya ambiente, que le llamo Criptopía- Una utopía monetaria.

Existen más de 1800 criptomonedas, incluso bancos han emitido Ripple, o La Venezuela de Maduro ha hecho el Petro. Tienen otros parámetros que bitcoin (una oferta final de 84 M, 2 decimales, tiempo de transacción de 2,5 min, etc). Las más populares parecen ser hoy en día y hablaremos a lo largo del libro de ellas , ethereum, monedo, golem o EOS, por mencionar algunas con proyección.

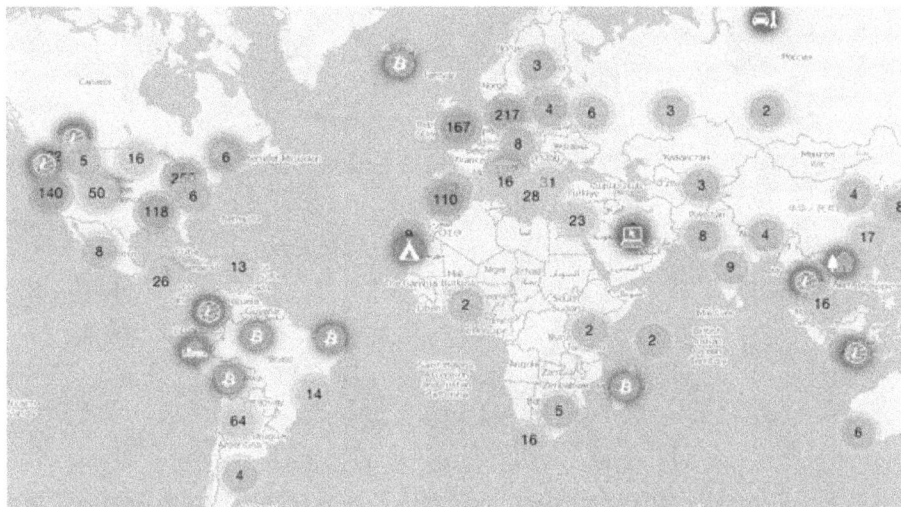

En **coinmap.org** podemos rastrear los comercios que aceptan Bitcoin en Europa o las "setas" de la economía Bitcoin.

2011 CIRRUS SR20 - GREAT TRAINER

359.712 BTC
$300,000.00

NYC YACHT CHARTER

5.995 BTC
$5,000.00

BAHAMAS RESORT -- OCEAN VIEW CONDO

593.525 BTC
$495,000.00

TRUMP SOHO HOTEL CONDOMINIUM

LEROY NEIMAN BASKETBALL STARS

ULYSSE NARDIN GMT PERPETUAL WATCH

bitpremier.com una web de artículos e inmuebles de lujo que aceptan pueden adquirir con Bitcoin.

¿Es Bitcoin socialismo, porque no pertenece a nadie? No es una empresa privada. No tiene nada que ver con el capitalismo. Es una utopía, ¿Un sistema que siempre ha fallado? ¿Ideología detrás del Bitcoin? ¿Es bitcoin privado, de una persona que lo creó o un grupo, o de todos? El capitalismo, por ejemplo, es propiedad privada y es variedad, el socialismo, sin embargo es unidad. Es por eso que en el capitalismo eres "libre de elegir" y en el socialismo alguien elige por ti. Alguien elige lo que aprende en la escuela, por ejemplo. Estas son de hecho más cuestiones que me surgen que afirmaciones. Por su naturaleza descentralizada y anónima, Bitcoin es una moneda con un fuerte componente ideológico (libertario).

Escapa a cualquier tipo de control de capitales. Es muy difícil de regular y fiscalizar. Se le conoce como capitalismo sin fricción de gobiernos ni bancos. Los gobiernos no se ponen de acuerdo en cómo tratarlo. Por tanto, se podría ver como una tecnología subversiva. Atrae a aquellos que han sufrido las consecuencias de las devaluaciones de la moneda (rescates bancarios, "estímulos" económicos, monetizaciones de deuda...), y los que sufren recortes y subidas de impuestos para financiar deuda.

Bitcoin como ideología es visto como una vuelta al patrón oro (patrón oro digital). Rebelión frente al dinero fiduciario (la divisa). Patrón oro: los peligros de los sistemas de Banca Central ya eran conocidos por los padres fundadores de los EEUU. En ellos, el dinero pasa al control político y de la banca, al constituirse como divisa –deuda– . Los problemas que afronta Bitcoin China, Rusia e Islandia son los países más reacios a Bitcoin. Aunque Rusia la declaró ilegal usar otra moneda que no fuera el rublo, se ha adaptado y la ha permitido en el 2017. China ha prohibido a los bancos interactuar con exchanges. El resto de países incluido España que cobra impuestos por tener BitCoins, no sabe bien cómo reaccionar a esta tecnología. Los bancos americanos han prohibido recientemente usar su tarjeta de crédito para obtener BTC. Ejemplo Union Bank, Citibank y Bank of America entre otros.

Una **medida fascistoide** es la siguiente: la Hacienda española, acaba de responder a una consulta vinculante, en la Dirección General de Tributos. Según el director del organismo público los mineros de bitcoins deberán registrarse, darse de alta y pagar impuestos.

A partir de ahora, la actividad del minero de criptodivisas será considerada una actividad económica en los términos del Impuesto de Actividades Económicas (IAE).

Además de las personas físicas, son muchas las personas jurídicas que están creando sus propias monedas virtuales. Las razones son muchas: *"Cancelamientos de deuda, transacciones internacionales, préstamos o simplemente como medio de pago."* Las criptomonedas te permiten ahorrar un dinero al sacar de la ecuación al propio banco.

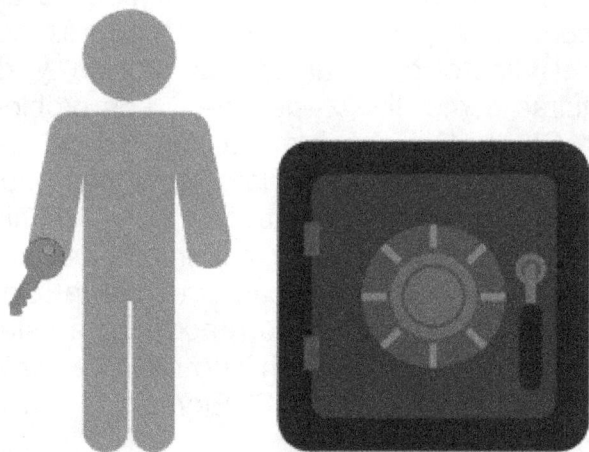

Por tanto, y resumiendo, los beneficios de Bitcoin preocupan a los Gobiernos. Reduce costos de envío, otorga privacidad y facilita el comercio internacional y Bitcoin es una alternativa al dinero de los Estados que sufren de inflación y manipulación con fines políticos.. los gobiernos quieren cobrar impuestos... pero es difícil que hacer con bitcoin.. los gobiernos entraran por el aro, porque igual que la gente bebe alcohol o fuma cigarrillos.. o sea que tendrán que morder el polvo... no se va a poder parar... la gente va a seguir usándolo.. una vez que la caja de Pandora está abierta no se cerrará.. y en el futuro se llamara bitcoin o pandora coin .. habrá un tiempo de caos o incertidumbre-*FUD*-como le llaman los anglosajones *Fear_Uncertainty_Doubt* por el problema de la seguridad y lo explicaré después... Bitcoin realmente puede cambiar por completo el sistema financiero como lo conocemos.

¿Por qué los bancos están alineados en tratar de mantener el sistema actual? El sistema monetario y financiero que hemos heredado es el sistema de <u>dinero fiat</u> y de <u>reserva fraccionaria</u>. Es importante entender estos dos conceptos individualmente, porque en conjunto le dan a la industria bancaria, y al gobierno, un poder descomunal.

Dinero "Fiat" significa dinero que debe ser usado por decreto. Los euros, dólares o pesos que usamos son monedas fiat. Y esto es importante, porque si perteneces al grupo que puede crear y controlar el dinero, puedes crearlo de la nada y luego gastarlo.

El **Sistema de Reserva Fraccionaria** es la forma en la que ha operado la banca durante mucho tiempo. Esencialmente, cuando obtienen un depósito, los bancos pueden prestar un múltiplo de ese depósito. Al prestar más dinero del que realmente tienen lo que están haciendo es crear dinero. No hay algo inherentemente malo con ello; en una economía libre eso podría pasar. **El problema es que es de riesgo, y en un sistema de dinero estatal ese riesgo lo asumen involuntariamente los ciudadanos**. Si los bancos se sobre extienden en sus préstamos y por ese motivo colapsan, el estado los rescatará con el dinero de los ciudadanos.

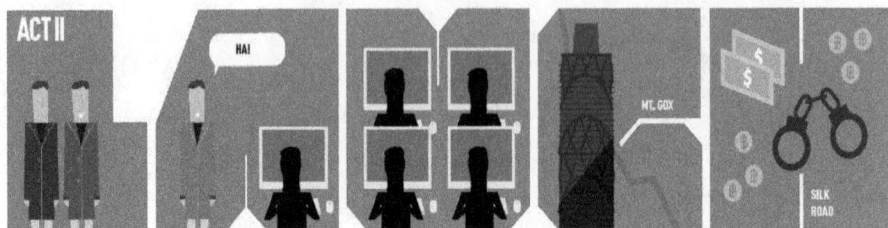

Entonces los bancos, que son empresas privadas, obtienen este beneficio gracias a un extraordinario privilegio concedido por el Estado: la licencia para crear dinero a través de los sistemas fiat y de reserva fraccionaria con los que operan.

¿Son los bancos hostiles con respecto a Bitcoin?

Toda industria que perciba un nuevo agente disruptor entrando al mercado suele ser poco amigable con este. Un buen ejemplo es el de la industria editorial e Internet.

Los bancos siempre han estado protegidos de la competencia, pero ahora existe una tecnología que los desafía. Creo que aún no se han dado cuenta de ello, no del todo. **No se han dado cuenta de que esto representa una amenaza existencial para su modelo de negocio**. Prestan un poco de atención a Bitcoin, pero aún están en el período de que se cachondean de el.

Cuando Bitcoin adquiera un cierto tamaño, y se den cuenta de lo que representa, vendrá el período en el que serán extremadamente hostiles. Hasta el momento no han sido tan hostiles; simplemente se rehúsan de vez en cuando a abrir cuentas para empresas Bitcoin. Pero ese es un problema vinculado más bien a las regulaciones vigentes, del cual no están exentas empresas de otros sectores. No es que se opongan a Bitcoin hoy, pero creo que lo harán en el futuro. Y esa será una batalla interesante, porque disponen de todo el dinero del mundo, dominan como nadie el código no escrito del soborno, y tienen muchos amigos muy poderosos en el gobierno.

CAPITULO II
PARAR A LOS BANQUEROSOS...

«PRIMERO TE IGNORAN, DESPUÉS SE RÍEN DE TI,
LUEGO TE ATACAN Y AL FINAL
GANAS...»

El libro de cuentas digital BlockChain que es el impulsor del sistema BitCoin en todo el mundo solo es vulnerable si una mega corporación realizase con éxito una gira mundial y comprase y controlase cada uno de los principales jugadores, y comprase todos los **BitCoin Exchange**.

Y una campaña de opa hostil corporativa como esta costaría miles de millones, y no tengo ninguna duda de que a los *Banquerosos* les gustaría mucho adquirir y controlar tantos de los sitios digitales de BitCoin Exchange como sea posible. Los *Banquerosos* han transformado con éxito los sitios de redes sociales en plataformas donde las libertades básicas de opinión y las libertades de expresión son vulneradas de forma rutinaria, junto con la vulneración minuto a minuto de la privacidad de las personas. Las principales plataformas de redes sociales se hicieron públicas, lo que significa que emitieron acciones en NASDAQ y otros mercados bursátiles. Google hizo lo mismo. Lo mismo hizo Apple. Cada vez que una corporación vende sus acciones, corren el peligro de que una mega corporación, o una familia increíblemente adinerada, como los *Saxe-Coburg-Gothas* que ocupan casi todos los tronos de Europa, TOMEN EL CONTROL de Facebook, Google o cualquier otra compañía que ha emitido acciones. Así es como **John Logie-Baird**, que inventó **TELEVISIÓN**, finalmente fue despedido de su propia compañía y murió relativamente pobre y no reconocido, lo mismo le ocurrió al gran genio Nicola Tesla.

Sin embargo, cuando se trata de BitCoin y monedas digitales, los *Banquerosos* y la Elite se enfrentan a un problema importante, y es que las nuevas empresas ya no necesitan flotar o 'salir a bolsa' para obtener capital inicial para sus compañías, que están emitiendo sus propios TOKENS-fichas- vinculados a BitCoin o Ethereum.

Esto significa que los *Banquerosos* se ven obligados a comprar grandes cantidades de sus tokens emitidos y se ven obligados a comprar BitCoin, solo para que acepten ser invitados a formar parte del "*equipo*" de la nueva empresa. Otra mosca cojonera de los *Banquerosos* es que las **ofertas Token ICO** generalmente son creadas por estudiantes y jóvenes que no tienen lazos familiares con la aristocracia ni las familias tradicionales de la Nobleza Negra, Hebrea o Real Nórdica que han dirigido la industria bancaria durante siglos. Hasta el momento, a los *Banqueroso*s se le han "*atascado en la garganta*" la compra de forma rutinaria de la mayor parte de los nuevos tokens ICO, y muchas nuevas empresas de nueva creación en 2016-17 fueron financiadas por multitud de millones y algunos de estos nuevos jefes… ¡qué nunca oí hablar de ellos en NASDAQ o del mercado de valores de FTSE!

Esto es, mi querido lector, la característica principal de BitCoin que tanto enfureció a la BBC, CNN, la cuatro , la sexta y los grandes medios y a los *Banquerosos*. ¡Están tan indignados y son tan idiotas, que solo han lanzado insultos peyorativos al aire sobre BitCoin y nunca han admitido que la metodología BitCoin Blockchain es pura brillantez en una botella!

¿Cómo haría un hacker para DESTRUIR BITCOIN? Para que esto ocurriese debería producirse un importante corte internacional de electricidad y de Internet para desbaratar a las personas en sus cobertizos, sótanos y habitaciones libres y privadas que minan digitalmente BitCoin mientras juegan juegos online.

Una estafa global de esta magnitud es poco probable e imposible desde el punto de vista logístico a menos que se implementen millones de robots robotizados y entrenados para abrir las puertas y buscar en las casas de todas las personas que alguna vez escribieron la palabra "BitCoin" en sus teléfonos o en Facebook .

Está claro para mí que diciembre de 2017 fue el comienzo de una campaña de piratería sobre BitCoin criminal organizada internacionalmente y que debe ser, por su alcance y naturaleza, orquestada por los *banquerosos*. Detecté una 'huella digital' de pirateo de objetivos en la última semana, que vio a un YouTuber líder que hace campaña de BitCoin que tiene 111 BitCoins [con un valor de al menos $ 1.3m US dólares] que le estaban mangando fracciones de su BTC mientras estaba en una transmisión en tiempo real. El mismo día una situación congestiva golpeó a ShapeShift.io, y el sitio web https://buy.bitcoin.com también cayó. Todo esto sucedió poco después de que **NiceHash** https://www.nicehash.com y varios intercambios digitales se congelaron o se cayeron.

Estos, señoras y señores, son los *"corderos de sacrificio"* de alto perfil que la elite de los *Banquerosos* ha elegido como *ejemplo*. El hack de NiceHash sustrajo $ 64 millones robados de miles de billeteras individuales en todos los continentes del planeta tierra - las monedas robadas fueron rápidamente arrojadas durante un período de unas pocas horas sin signos de "congestión" - y esto me sugiere que la congestión en la cadena de bloques que afecta a las monedas basadas en éter que sucedió esa misma semana, fue premeditado.

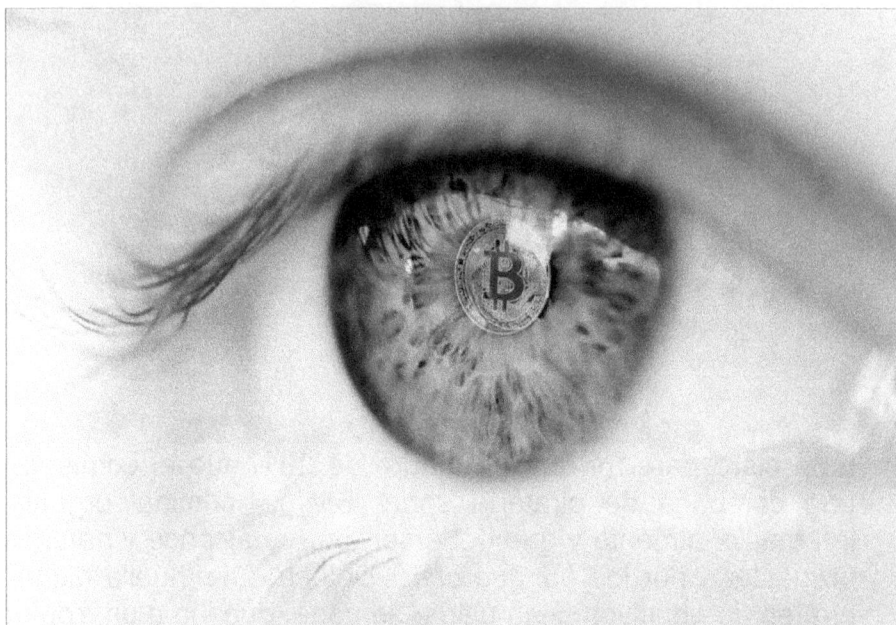

«SÍ, LO QUE ESTOY DICIENDO ES QUE ESTAMOS
LIDIANDO AQUÍ CON MEGA-CORPORACIONES,
LA ÉLITE Y LOS BANQUEROSOS, TODOS HACIENDO LA
GUERRA A LOS POBRES — Y SU
EL CAMPO DE BATALLA PRIMARIO ES BITCOIN — Y
ES POR ESO QUE HEMOS ESCRITO ESTE LIBRO...»

Es muy probable que los gobiernos simplemente comiencen a meter a la gente en la cárcel por el mero *'delito'* de poseer BitCoins. Ese es el escenario más probable que exploraremos más adelante en este libro. Por el momento, BitCoin es una **MONEDA ANTI ESTAblishment** y ahora hay más de 1,600 monedas digitales que llenarán el lugar de BitCoin.

Si los gobiernos deciden proscribir BitCoin ... Y aquí radica el problema para los gobiernos: digamos que se promulgan nuevas leyes que proscriben a cualquiera que opere en *'monedas digitales'*. Bueno, solo sería cuestión de semanas antes de que una chispa brillante reinvente BitCoin y lo llame de otra manera, por lo tanto, todas las leyes tendrían que actualizarse o reescribirse. Por ejemplo, BitCoin y BlockChain podrían ser fácilmente renombrados y remodelados como un sistema de *"Token de trueque pagado de forma voluntaria"* y esto arruinaría efectivamente cualquier nueva legislación.

Uff, menos mal!!

El sitio https://buy.bitcoin.com que se usa para comprar BitCoins con tarjetas de crédito dejó de funcionar el 7 de diciembre de 2017. ¿Fue una triquiñuela? ¿Fue un problema técnico? Bueno, cualquiera sea el caso, sucedió al mismo tiempo que el intercambio Ether **ERC20** conocido como **ShapeShift** también tenía *'problemas de congestión'*. Alrededor del 12 de diciembre, el sitio https://buy.bitcoin.com daba señales de vida y funcionaba de nuevo. Además, gran parte de la congestión que aflige a las cadenas de bloques Ethereum y BitCoin se resolvió el 16 de diciembre de 2017. **¡Uff Menos mal!**

Wallet o Monedero de papel *n.*

Wa•llet• *Se llama **monedero de papel** a una manera de guardar bitcoins que consiste en apuntar las direcciones de Bitcoin y las claves privadas asociadas directamente en un pedazo de papel. Si se hace correctamente y el papel se guarda con seguridad y haciendo más de una copia, los monederos de papel son una de las formas más seguras de almacenar bitcoins. Una clave privada Bitcoin puede representarse mediante varios formatos alternativos. El más habitual consta de una secuencia de letras y números con una longitud máxima de 51 caracteres. Esto es muy fácil de imprimir sobre papel y, si se mantiene en secreto, permite la custodia de cualquier suma de bitcoins.*

CAPITULO III
SEGURIDAD BASICA...

«BITCOIN ES UNA EXHIBICIÓN DE FUERZA TECNOLÓGICA»
BILL GATES

Top 10 breaches

✉	711,477,622	Onliner Spambot accounts ✉
	593,427,119	Exploit.In accounts ⑦
	457,962,538	Anti Public Combo List accounts ⑦
✉	393,430,309	River City Media Spam List accounts ✉
myspace	359,420,698	MySpace accounts
NetEase	234,842,089	NetEase accounts ⑦
in	164,611,595	LinkedIn accounts
	152,445,165	Adobe accounts
badoo	112,005,531	Badoo accounts 🔥 ⑦
✉	105,059,554	B2B USA Businesses accounts ✉

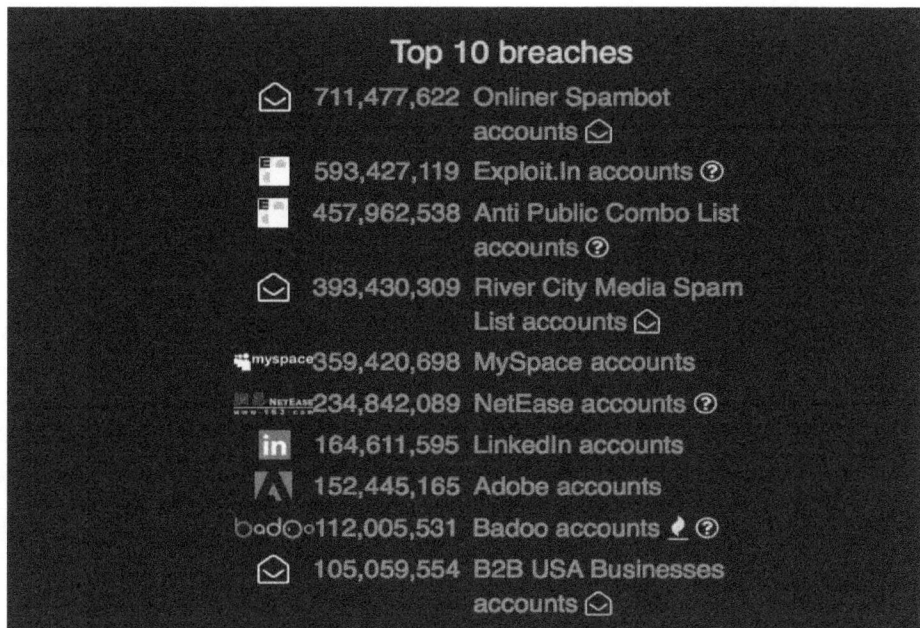

El sistema BitCoin y BlockChain son imposibles de descodificar o hackear... Por lo tanto, supongo que las agencias gubernamentales de espionaje expuestas por Ed Snowden considerarán cómo robar las contraseñas de millones de propietarios individuales de BitCoin ... Y luego cambiar o bloquear los números de teléfono móvil. .. Será necesario vulnerar la privacidad de millones de personas. Esto es lo que los *Banquerosos* ya están haciendo.

Antes de comenzar, aclaremos algunas cosas:

- Google StreetCars ha sido acusado por jueces en Europa de haber violado ilegalmente la privacidad de casas privadas y sus datos WiFi

- Un truco gigante en Yahoo Mail posiblemente ha puesto miles de millones de direcciones de correo electrónico y potencialmente millones de contraseñas en manos de villanos

- Un gigantesco hackeo en Lloyds Bank y otros bancos también ha llevado a transacciones no autorizadas

- **WHICH MAGAZINE** en el Reino Unido ha alegado que Google violó las barreras de defensa de cookies de los dispositivos iOS y lanzó una demanda colectiva contra Google.

- A varias personas que usaban Google Authentication se les robaron BitCoins

- El FBI exigió las llaves maestras para toda la red Apple iPhone y todos los usuarios que Apple se negó a entregar, aunque informes no confirmados dicen que el FBI obtuvo esta información de todos modos

- El ex contratista de NSA, Ed Snowden, publicó info de una aplicación financiada por el gobierno llamada PRISM que lee y roba los datos personales y las contraseñas de miles de millones de personas inocentes cada minuto de cada hora. Este malvado sistema es capaz de conocer cada movimiento, cada centavo usted sostiene en BitCoin, y sabe lo que está pensando al interpolar los temas y las palabras que busca utilizando Google Search Engine y lo que publica en Facebook

- De la nada, en 2016, un juez le exigió a CoinBase presentar info de los clientes revelando - potencialmente, una lista de propietarios de BitCoin que no han hecho nada incorrecto y que nunca han cometido un delito; este es el equivalente de un juez que obliga a Lloyds o Citibank para entregar los detalles de sus clientes.

¿Por qué? ¿Por qué un juez exigiría esto de CoinBase? Todo comenzó el 30 de noviembre de 2016. Un tribunal federal otorgó una moción que autoriza al Servicio de Impuestos Internos (IRS)´La Gacienda Americana, a enviar una imputación de *"Pepito Perez"* a Digital Exchange Coinbase solicitando las identidades de los clientes de Coinbase de los Estados Unidos. Un juez ordenó a Coinbase identificar 14.355 cuentas, que representan 9 millones de transacciones por un valor de $ 20,000 o más.

¿Por qué? ¿Por qué se centró Coinbase? ¿Por qué los abogados no señalaron que los datos personales están protegidos por la Declaración Universal de Derechos Humanos? ¿Por qué el Congreso no le dejó claro a un juez que una citación judicial de Pepito Pérez solo está destinada a individuos, no a corporaciones?

¿Por qué? Te diré por qué, porque Coinbase es uno de los primeros Intercambios Digitales y esas 14.355 cuentas ahora van a tener sus BitCoins ROBADAS sistemáticamente en una ola de ataques de pirateo ... **¿Estoy diciendo que los datos robados por los jueces caerán en las manos de personas y agencias gubernamentales que habitualmente violan la Declaración Universal de los Derechos Humanos?** Sí. Estos, querido lector, son los Banquerosos.

Llamado **"Google You Owe Us"**, en español *¡Google, Eres Nuestro Amo!* la demanda colectiva encabezada por WHICH Magazine en Gran Bretaña representa a unos 5,4 millones de personas en Inglaterra y Gales, que alegan que Google recabó datos ...

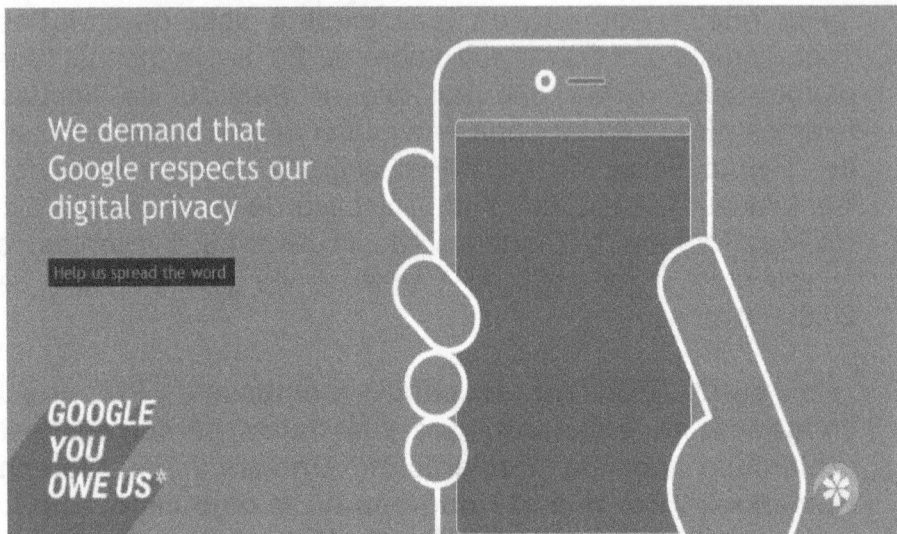

La campaña afirma que esto violaba la Sección 4 de los Datos. Protection Act 1998, que se refiere a los derechos de los consumidores con respecto a sus datos personales. ¿Cual es? Google que podría verse obligado a pagar a más de cinco millones de usuarios de iPhone $4.2 mil millones en compensación, ya que está acusado de vender sus datos sin su consentimiento. Si tiene éxito, el caso sería la mayor factura de compensación que se haya pagado a los consumidores británicos por el uso inadecuado de los datos. Una denuncia de 5.4 millones de británicos por £500 cada uno generaría un pago de $4.2 billones cortesía de Google.

Entre junio de 2011 y el 14 de febrero de 2012, se alega que Google recopiló ilegalmente la información personal de millones de personas en el Reino Unido al eludir la configuración de privacidad predeterminada en el iPhone de Apple. Los algoritmos de Google les permitieron engañar a los iPhones de las personas para que liberaran datos personales del navegador predeterminado del teléfono, Safari. Esto se conoce como la *'Solución de Safari'*.

¿QUÉ HACE UNO para proteger LA SEGURIDAD? Bueno, lógicamente, debido a que ha habido violaciones reales y supuestas de la seguridad en las empresas mencionadas anteriormente y en millones de hogares [a veces no es culpa suya], una persona que quiera estar lo más segura posible probablemente evite:

- Google Docs
- Google StreetCars
- teléfonos Android
- Google Lloyds
- Yahoo Mail
- Lloyds Bank
- Uso de WiFi en casa: en su lugar, conéctelo con un cable Ethernet.

Si así lo deseas, evita estos servicios y opta por usar únicamente servicios digitales. monedas en un escritorio doméstico, la mayoría de los expertos estarían de acuerdo en que ha aumentado sustancialmente su **Seguridad básica**.

Varios intercambios de BitCoin, como **BINANCE**, que se especializa en monedas digitales asiáticas, tienen su sitio web configurado de tal manera que si desea retirar fondos insisten en la verificación en dos partes, lo que a primera vista es muy sensato, sin embargo, solo aceptan dos formas; en primer lugar, con Google Authenticator [es decir, un sistema en el que una gran corporación que ha enfrentado acusaciones de vulneraciones de privacidad puede acceder técnicamente a sus contraseñas], y el segundo método de verificación es con un SmartPhone [que nos lleva nuevamente al episodio reciente de hacks en los clientes de Coinbase donde sus proveedores de servicios telefónicos respondieron a las solicitudes de los hackers para que apaguen, finalicen o cambien sus números de móvil a un dispositivo de hackers].

¡ESOS HACKERS DE BANKEROSOS HAN ESTADO OCUPADOS!

El sitio web haveibeenpwned.com ¿He sido hackeado? tiene una herramienta de búsqueda que le permite verificar rápida y fácilmente si tiene una cuenta en línea que ha sido violada. Simplemente escriba su dirección de correo electrónico en la barra de búsqueda y presione el botón Pwned? botón para descubrir. El sitio también ofrece una alerta de Notificarme, que se comunicará automáticamente con usted cuando descubra que su cuenta se ha visto comprometida. Simplemente escriba su dirección de correo electrónico en la barra de búsqueda y presione el botón Pwned? botón para descubrir.

El sitio también ofrece una alerta de Notificarme, que se comunicará automáticamente con usted cuando descubra que su cuenta se ha visto comprometida. Si alguna de sus cuentas ha sido violada, debe actualizar sus contraseñas de inmediato. De hecho, hay varios ESPECIALISTAS DE VERIFICACIÓN DE IDENTIFICACIÓN y algunos de los proveedores de ventas de BitCoin utilizan compañías que activan su cámara web y realizan una verificación exhaustiva al COMPRAR BitCoin:

Cultura / **Privacidad**

La justicia española perdona a Google por vigilarnos sin querer

- ⊘ | Google admite que sus coches captan datos de las redes wifi abiertas pero asegura que lo hacen sin querer
- ⊘ | En EEUU se acusó a la compañía de actuar deliberadamente y Google pagó una cantidad millonaria para no ir a juicio

Luis Gervas de la Pisa

05/10/2015 - 21:08h

El coche de Google Street View | Wikipedia

el gran problema ahora mismo es que este procedimiento estricto no parece estar disponible en Exchange o servicio cuando desee retirar efectivo de BitCoin.

Las carteras de hardware **TREZOR** son llaveros con llave USB que tienen un "cuadro mágico" de números desordenados que deben entrar en su ordenador de sobremesa en el orden correcto para acceder a los datos dentro de la billetera de hardware Trezor. Hay un buen tutorial de YouTube que le muestra el proceso en nuestro canal de la voz del viento radio.

Las billeteras de hardware Trezor se pueden comprar por alrededor de $ 150 dólares de Amazon o directamente desde el sitio web de desarrolladores Satoshi Labs. Hay un capítulo dedicado sobre cómo configurar su TREZOR al final de este libro. Pero, y esto es mucho, PERO, **¿qué pasaría si Google o alguna otra mega corporación fuera a comprar SATOSHI LABS? ¿Permitiría eso automáticamente que los nuevos propietarios corporativos *'espíen´* todas esas carteras de hardware?** Es una pregunta que necesita más investigación.

Todos los que tienen más de $250 en BitCoin necesitan un dispositivo de *"almacenamiento en frío"* como Trezor. Tener una billetera de hardware como esta significa que los Bankerosos, los jueces y las mega corporaciones que quieran matar a BitCoin nunca tendrán sus manos codiciosas en su escondite digital.

El dispositivo Trezor genera un **seed** o semilla de 12, 18 o 24 palabras aleatorias (a su elección) en su propia pequeña pantalla, que usted anota y almacena. Estas palabras nunca tocan Internet y se pueden usar para recuperar su clave privada si alguna vez se pierde, destruye o se roba su Trezor. El mejor método para protegerse de ser pirateado es transferir la mayor parte de sus monedas digitales en una billetera de hardware Trezor y dejar solo la porción con la que desea jugar en el mercado o gastarse en estas criptomonedas.

𝕸ailOnline

Google faces paying out 'billions of dollars' after appeal court rules privacy campaigners can sue over illegal data gathering with its Street View cars

- U.S. Court of Appeals in San Francisco upholds federal court's ruling
- Firm is being sued by users who claim their privacy was violated by Google Street View cars which gathered information via Wi-Fi networks

By HUGO GYE

Google condenada a pagar en EEUU y en el Reino Unido millones...en España que siga la fiesta.

SEGURIDAD EN UN PERIQUETE: TUS BTCs se almacenan en tu ordenador en forma de una clave privada que corresponde a su dirección de Bitcoin (conocida como clave pública). Cuando gastas tu BitCoin, tu software de billetera digital combina tus claves privadas y públicas para crear una firma, el equivalente digital de firmar el reverso de un cheque. Esta firma digital desbloquea los fondos y ahora son fluidos y están disponibles para gastarse o intercambiarse por una moneda diferente.

Esta es la razón por la cual almacenar tu clave privada en un teléfono conectado a Internet conlleva riesgos. Siempre es posible que un software malicioso ("malware") pueda ingresar a su dispositivo a través de Internet, permitiendo que alguien descubra su clave privada de Bitcoin y gaste su dinero. El sitio web HA SIDO PWNED tiene una de las DIEZ principales brechas de la tabla de privacidad. Si agrega las TRES MIL MILLONES cuentas de correo electrónico pirateadas en Yahoo desde 2013, y la gran cantidad de cuentas comprometidas en hacks anunciadas por Sony y muchos gigantes de telecomunicaciones, además de tener en cuenta las presuntas violaciones de privacidad por parte de Google Streetcars, puede ver una obvia 'huella dactilar digital';

1. Muchos ataques de pirateo atacaron a las personas después de que se lanzara BitCoin.

2. Muchas de esas mega-corporaciones que supuestamente se han visto comprometidas o permitidas o han sido victimizadas por los piratas ahora ofrecen sistemas de 'autentificación'

LOS BANKEROSOS LE HACEN LA GUERRA AL IPHONE: No es necesario ser el CEO de Apple, Tim Cook, ni el fantasma de Steve Jobs, ni un especialista en TI para darse cuenta de que desde que BitCoin estaba ganando valor, los Bankerosos han estado haciendo todo lo que puede atacar el sistema de seguridad de iPhone. En una carta a los clientes de Apple, Cook dijo que Apple ha proporcionado *"datos que están en nuestro poder"*, pero no desarrollará una "puerta trasera" para su software:

《《SENTIMOS UN GRAN RESPETO POR LOS PROFESIONALES DEL FBI Y CREEMOS QUE SUS INTENCIONES SON BUENAS. HASTA ESTE MOMENTO, HEMOS HECHO TODO LO QUE ESTÁ A NUESTRO ALCANCE Y DENTRO DE LA LEY PARA AYUDARLOS. PERO AHORA EL GOBIERNO DE LOS EE. PARA ALGO QUE SIMPLEMENTE NO TENEMOS, Y ALGO QUE CONSIDERAMOS DEMASIADO PELIGROSO PARA CREAR. NOS HAN PEDIDO QUE CONSTRUYAMOS UNA PUERTA TRASERA PARA EL IPHONE.》》

《《ESPECÍFICAMENTE, EL FBI QUIERE QUE HAGAMOS UNA NUEVA VERSIÓN DEL SISTEMA OPERATIVO DEL IPHONE, EVADIENDO VARIAS CARACTERÍSTICAS DE SEGURIDAD IMPORTANTES, E INSTALÁNDOLO EN UN IPHONE RECUPERADO DURANTE LA INVESTIGACIÓN. EN LAS MANOS EQUIVOCADAS, ESTE SOFTWARE, QUE NO EXISTE HOY, TENDRÍA EL POTENCIAL DE DESBLOQUEAR CUALQUIER IPHONE EN POSESIÓN FÍSICA DE ALGUIEN. EL FBI PUEDE USAR DIFERENTES PALABRAS PARA DESCRIBIR ESTA HERRAMIENTA, PERO QUE NO SE EQUIVOQUE: CONSTRUIR UNA VERSIÓN DE IOS QUE EVITE LA SEGURIDAD DE ESTA MANERA SIN LUGAR A DUDAS CREARÁ UNA PUERTA TRASERA. Y AUNQUE EL GOBIERNO PUEDE ARGUMENTAR QUE SU USO SE LIMITARÍA A ESTE CASO, NO HAY FORMA DE GARANTIZAR DICHO CONTROL.》》

... Y, por supuesto, de paso robar los BitCoins que almacenas en tu iPhone.

El chivato, Ed Snowden, en 2013 advirtió sobre la relación entre la NSA y el British GCHQ, y Snowden dejó claro que los SmartPhones personales estaban en la parte superior del menú para los hackers masivos con nóminas del gobierno, sí, son hackers y sí , están en la nómina de los gobiernos británico y estadounidense. Snowden y The Guardian dijeron que la NSA y el British GCHQ han sido conjuntamente responsables de desarrollar técnicas que permiten la recopilación masiva y el análisis del tráfico de Internet. *"No es solo un problema de los EE. UU.", Dijo. "GCHQ en Inglaterra es peor que Estados Unidos"*. Además de los pagos, los documentos vistos por **The Guardian** revelan:

• GCHQ está invirtiendo dinero en esfuerzos para recopilar información personal de teléfonos celulares y aplicaciones, y ha dicho que quiere poder ***"hackear cualquier teléfono, en cualquier lugar y en cualquier momento"***.

¿SON GOOGLE GANSTERS?
VOY A DESTRUIR A ANDROID, ES UN PRODUCTO
ROBADO. VOY A IR A POR ELLOS, TERMONUCLEAR,
APPLE SE GASTARA HASTA EL ULTIMO CENTIMO
DENUNCIANDO A GOOGLE.
STEVE JOBS ERA VEGETARIANO, CAPITALISTA,
INNOVADOR, CREATIVO Y MUY SOCIAL...GOOGLE
LLEGO A SER CONTRATISTA DEL PENTAGONO...

• Algunos miembros del personal de GCHQ que trabajan en un programa sensible expresaron su preocupación acerca de *"la moralidad y la ética de su trabajo operativo, particularmente dado el nivel de engaño que juega el papel en ello"*.

*Exchange **n.***

eks•che•insh• { *sitio de trading* } es un servicio que le permite a los usuarios comprar y vender bitcoins entre ellos de manera eficiente. Los más populares hasta el momento son MtGox, CryptoXChange, Bitfloor, Cavirtex (Bitcoin por dólares canadienses) e Intersango (Bitcoin por Libras esterlinas). Es importante aclarar que las transacciones realizadas dentro de la misma plataforma de trading no se graban en la cadena de bloques; vale decir que, en rigor, los bitcoins recién quedan en posesión de sus dueños cuando son retirados de allí.

CAPITULO IV
ESTALLARA
LA BURBUJA...

«NO ENTIENDO LO DE LOS BITCOINS, AUNQUE TAMPOCO ENTIENDO A LAS MUJERES Y ESTOY CASADO»
TRADER DE BITCOIN

¿Estallará la burbuja de BitCoin? Las "*burbujas*" en el mundo financiero nos rodean todo el tiempo. Burbujas de propiedad, burbujas de deuda, burbujas de préstamos, burbujas de punto com, lo que sea. Cuando una compañía de seguros lo defrauda y le vende un seguro que no necesita o es demasiado caro, los medios tradicionales se niegan a usar la palabra "*fraude*" y en su lugar usan el término "*mal vendidos*". ¡Los bancos no defraudan a las personas, *'venden mal'*!

En 2012, cuando los bancos griegos cerraron sus puertas y robaron efectivamente el dinero de los ahorradores, ningún policía llamó a las puertas de los banquerosos. La 'Banca' es el negocio de los carteles criminales que tienen a los lords, ladys, reyes y reinas a la cabeza de su organización. Pueden y han robado billones de personas de la clase trabajadora. Crean 'burbujas' y las rompen también.

La élite de la banca privada y la banca comercial y las empresas de pensiones y seguros no son más blancas que las blancas. No es negocio. Los gobiernos tradicionalmente permiten a los bancos estafar a las personas pequeñas todo el tiempo porque muchos primeros ministros y presidentes están en la nómina de los bancos.

Muchas personas se les cobra tarifas en cajeros automáticos por un coste de alrededor de $500 al año, es una tarifa que se le cobra por el acceso a su propio dinero.

Los prestamistas teóricamente son contrarios a la ley de cualquier país, pero los gobiernos permiten que los emisores de tarjetas de crédito cobren cantidades ridículas de interés. Todos a su manera estafan a personas pequeñas ... ¡Pero se les acabó el chollo! ... hasta la invención de BitCoin.

《《A LOS BANCOS SE LES PERMITE FASTIDIAR A PERSONAS PEQUEÑAS PORQUE SON POR EFECTO RECAUDADORES DE IMPUESTOS: POR EJEMPLO, EXTRAEN LOS IMPUESTOS DE SU CUENTA BANCARIA DE SUS AHORROS Y LOS TRANSFIEREN AL GOBIERNO...》》

《《ESTA NO ES UNA TEORÍA DE LA CONSPIRACIÓN: EMMANUEL MACRÓN, EL PRIMER MINISTRO JOHN MAJOR Y EL EX CANCILLER DEL EXCHEQUER NORMAN LAMONT TRABAJARON TODOS PARA LOS BANCOS DE INVERSION O MERCANTILES...》》

《《EL CRECIMIENTO DEL PRECIO DE BITCOIN DE $954 A $15,000+ DÓLARES EN 10 MESES DE 2017 FUE PRONOSTICADO POR MUCHOS, Y NO SORPRENDIÓ A LAS PERSONAS QUE ENTIENDEN QUE BITCOIN ES LA FORMA MÁS INTELIGENTE, RÁPIDA, RESPONSABLE Y SENSATA DE MANTENER SU DINERO...》》

Los rascacielos financieros en Manhattan y Londres fueron construidos jodiendo al ciudadano de la calle. Los bancos más importantes de la ciudad de Londres ganaron dinero vendiendo esclavos humanos por seis peniques persona. El resto hizo su dinero del Opio.

BitCoin no tiene un historial desagradable como los otros bancos del mundo y familias de la élite, por ahora empieza de cero. Es una invención inspirada en el colapso financiero de 2008 que destruye la estructura centralizada de donde los gobiernos y los bancos parasitan a la gente pequeña y los mantienen en una trampa ad infinitum de pobreza. Más de 350,000 niños se enfrentaron a la falta de vivienda y la pobreza durante la Navidad de 2017 en el Reino Unido, España, Portugal y Alemania, por ejemplo, El Reino Unido es la cuarta economía más grande del mundo. **¿De verdad crees que es por accidente?** Por supuesto que no. Está diseñado de esa manera.

La razón por la que tenemos un modelo económico de CRACKS y SUBIDAS de bolsa es porque cuando una de estas burbujas estalla, los bancos simplemente imprimen más dinero y compran propiedades a precios de ganga en hipotecas que ya se han ganado un gran interés. Todo este papel de dinero ficticio de *'billetes promisorios de deuda'* crea otra burbuja que se llama **INFLACIÓN**. La inflación existe porque los bancos son arbustos que no pueden dejar de imprimir trozos de papel que tienen signos de dólar o euro. Los gobiernos reaccionan a la inflación incrementando los **IMPUESTOS**, después de todo, solo quieren las mejores prostitutas y champán para los políticos que acechan en las puertas giratorias del poder. Esos impuestos más altos, y la inflación de imprimir demasiado dinero crean una **RECESIÓN**, que es lo mismo que decir que estos bancos y políticos diseñan el estallido de la burbuja.

BitCoin tiene **CERO INFLACIÓN** incorporado. Habrá un número fijo de BitCoins en el mundo, y una vez que se hayan creado, o 'minado', no existirán otros, exactamente lo mismo que hay mucho oro en la corteza terrestre. Se han inventado nuevas monedas digitales como Ethereum porque cientos de millones de personas han descargado su oro, plata y acciones corporativas inútiles cuyos precios se mantuvieron igual o disminuyeron, y en su lugar compraron BitCoin.

BitCoin es instantáneo. BitCoin es la forma más económica de transferir dinero a través de fronteras. BitCoin es la mejor y más efectiva forma de pago de forma personal y autónomos. BitCoin es más confiable que un banco. BitCoin es BitCoin, y de repente no puede valer nada como un billete impreso [por ejemplo, cada pocos meses los gobiernos rediseñan sus billetes bancarios y hacen miles de millones de diseños anteriores sin valor por capricho]. Lo mejor de todo es que BitCoin tiene un valor potencial de $200,000 por moneda o más.

Es muy probable que, debido a que cada BitCoin se pueda comprar y vender en pequeñas fracciones, se logre un precio estable de alrededor de $200,000 por moneda. Esta estabilidad vendrá después de algunos inevitables dolores de crecimiento, oleadas, caídas, recobros, caídas y aumentos. **BitCoin es un niño que está aprendiendo a gatear y luego a caminar.**

Espera algunos altibajos, como el euro, el dólar o el yuan o el yen en tu bolsillo, también han subido y bajado y se han visto "*burbujas*". En 1999, estábamos pagando 2 mil pesetas, 60,000 liras italianas, o 40,000 dracmas por un almuerzo - nadie dijo que era una 'burbuja', ¿verdad?

‹‹SE ESPERA QUE LAS MONEDAS DE ETHEREUM LLEGUEN A $9,000 POR MONEDA EN 18 MESES. ››

‹‹PERO HAY OTRO TIPO DE 'CAÍDA' QUE OCURRE A CÁMARA LENTA, Y ESO SE LLAMA INFLACIÓN. ››

‹‹ESAS CAÍDAS ACUMULATIVAS CREARÁN UNA RECESIÓN QUE SE VOLVERÁ A PASAR ALREDEDOR DE 2019-A-2024. PERO NO SE PREOCUPE, BITCOIN NACIÓ DE UNA RECESIÓN, Y MUCHOS MILLONES DE FAMILIAS DE CLASE TRABAJADORA QUE AHORA TIENEN BITCOIN ESTARÁN MUCHO MEJOR EN EL FUTURO CON LAS 'RECESIONES' MODIFICADAS Y FALSIFICADAS... BITCOIN ES ANTIRECESIÓN››

‹‹LA REGLA DE TRES NOS DICE QUE DESDE LA "RECUPERACIÓN" DE LA "CRISIS FINANCIERA", FALSA Y TOTALMENTE DISEÑADA, QUE COMENZÓ EN 2008, ES QUE NINGUNA FORMA DE DINERO EN EFECTIVO PUEDE COMPETIR NUNCA CON LA BRILLANTEZ FLEXIBILIDAD Y ELEGANCIA O SIMPLICIDAD DE MONEDAS DIGITALES COMO BITCOIN Y ETHEREUM.››

¿CAERÁ EL VALOR DE BITCOIN? Todo el dinero, como los dólares, euros y libras, cae, y tiende a moverse hacia atrás para compensar aproximadamente el 60% de lo que se perdió en el otoño, por lo general, dentro de un año de esa caída. Históricamente, la inflación siempre ejerció una presión bajista sobre el papel moneda y las monedas tradicionales. Cuando la libra esterlina se decimalizó millones de personas de la clase trabajadora lucharon durante años para recuperar la caída de la vida real en su riqueza. Lo mismo sucedió con la conversión a Euro. Es probable que BitCoin experimente una caída futura, ya que parece probable que se emitan **MONEDAS HÍBRIDAS** en las que el token físico contenga algo de oro o plata, y esta puede ser la chispa para atraer a la gran mayoría de las personas a nuevas monedas digitales.

BitCoin tendrá algunas caídas, seguro. Pero las caídas no serán nada en comparación con el masivo **COLAPSO** del valor de las acciones, posiblemente, en cosas como General Electric, caídas masivas en Toshiba, caídas masivas en los valores del índice general de todos los principales mercados bursátiles.

Durante el tercer trimestre de 2017, DAX, FTSE, NIKKEI y muchos otros mercados financieros vieron desplomarse las acciones industriales tradicionales. La BBC también lloriqueó todo el día sobre cómo había caído la "*productividad*" de los británicos. ¿Por qué? Porque están apuntalando una forma obsoleta y anticuada de acciones y acciones que están enraizadas en un mundo físico obsoleto y pasado de moda, que se mueve lentamente y tiene muchos riesgos asociados. Mientras tanto, simultáneamente, BitCoin y la tecnología Blockchain lanzaron muchas ideas y start-ups súper rápidas, divertidas y fáciles de invertir.

≪BITCOIN ES DIVERTIDO, PERO MEJOR QUE ESO, BITCOIN SE PUEDE GASTAR EN TIENDAS Y PIZZERÍAS, Y PUEDES COMPRAR ALIMENTOS CON BITCOIN. ¿ALGUNA VEZ HAS TRATADO DE COMPRAR ALGUNOS COMESTIBLES CONVENCIENDO AL CAJERO DEL SUPERMERCADO LOCAL PARA QUE ACEPTE UN CERTIFICADO DE ACCIONES EN GENERAL ELECTRIC COMO PAGO POR SUS COMPRAS SEMANALES O CON ORO O PLATA?...≫

≪LAS NUEVAS LEYES DISEÑADAS PARA GRAVAR BITCOIN SON ILEGALES, SIMPLEMENTE PORQUE LA MONEDA DE CURSO FLUIDA Y GASTABLE NO ESTÁ GRAVADA Y ESTE AUTOR SERÁ TESTIGO EXPERTO EN CUALQUIER AUDIENCIA NECESARIA PARA EVITAR QUE ESO SUCEDA ... ¿POR QUÉ DEBE BITCOIN EN SU BILLETERA DE HARDWARE ESTAR SUJETO A IMPUESTOS, PERO LOS DÓLARES EN SU BILLETERA DE BOLSILLO NO SE GRAVAN? ¿NO?≫

≪LA ÉLITE DE REALEZA-POLÍTICA CREÓ UNA NUEVA RELIGIÓN EN LA REVOLUCIÓN INDUSTRIAL: ESTA RELIGIÓN SE LLAMA TRABAJO. FUE UNA IDEA NOVEDOSA QUE SE DIFUNDIÓ POR UN TIEMPO, PERO AHORA LAS PERSONAS HAN EMPEZADO A DARSE CUENTA DE QUE LA CALIDAD DE VIDA EN LAS CIUDADES, QUE FUERON LOS HIJOS DEMONÍACOS DE LA REVOLUCIÓN INDUSTRIAL, HA DESTRUIDO LA CALIDAD DE VIDA DE MILLONES DE PERSONAS...≫

Tener acciones y derivadas en los barones de los medios de prensa que bloquean tu cuenta por decir que John Podesta es un cabrón no es muy divertido. Tener acciones en empresas petroquímicas anticuadas que destruyen las selvas tropicales no es muy divertido. Tener acciones en estafas de propiedades en China no es muy divertido.

¡Sed maduros responsables Sed realistas Obtened BitCoin!

¿ES BITCOIN TAXABLE o GRAVABLE?

Una de las mayores barreras en la mente de una persona es el estado 'imponible' de BitCoin. Descansa la cabeza: BITCOIN NO ES o NO DEBERÍA SER TAXABLE O GRAVABLE, no de acuerdo con ninguna ley LEGAL e incluso la teoría.

Si los impuestos se cobran solo por el mero hecho de ser propietario de BitCoin, entonces eso crearía una borrachera legal, ya que sugeriría que todo su dinero, ya sea en libras, dólares o chucherías, pueda ser gravado mientras esté en su bolsillo. No puede ser gravado según los términos, por ejemplo, de la Cuarta Enmienda en los Estados Unidos.

BitCoin es una moneda gastable que es fluida en su naturaleza.

Por favor, explícalo a tus amigos en Facebook. Veo a muchos usuarios de Facebook flotando al margen de BitCoin, pero les preocupa que si convierten dólares en BitCoin serán gravados. Entonces, por favor, tu, querido lector, no debes difundir el miedo sobre BitCoin, y debes ignorar a Feinstein o cualquiera de los otros políticos *choriceros* de impuestos en la TVE, la CUATRO, CNN y Bloomberg. Nunca compartas una publicación en Facebook que se burla de BitCoin. Nunca comparta una publicación en Facebook diciéndole a la gente que BitCoin está sujeto a impuestos.

De hecho, el Sr. Juncker, el hombre supuestamente a cargo de la Unión Europea ayudó a establecer acuerdos impositivos para mega corporaciones, y sin embargo tiene el descaro de sermonearnos acerca de los paraísos fiscales, y la Unión Europea incluso tuvo la desfachatez de publicar una **¡Lista negra de paraísos fiscales en diciembre de 2017!**

Históricamente, se ha demostrado que los ricos no pagan impuestos. Evitan impuestos al meter su dinero en paraísos fiscales. Puede configurar una fundación libre de impuestos por $650 y hacer la documentación usted mismo. Tradicionalmente, personas muy ricas forman FUNDACIONES que tienen una apariencia de actividades caritativas. Tu también puedes formar tu propia fundación y crear una Cartera digital y mantener BitCoin en esa billetera bajo el nombre de una Fundación. En el Reino Unido, puedes ganar £11,500 libras antes de ser responsable de pagar cualquier impuesto. Cada vez que sintonice un programa de radio que ofrezca consejos sobre cómo presentar su declaración de impuestos, llámelos y dígales que los ricos se enriquecieron porque nunca pagan impuestos.

GRAN HERMANO-GRAN NEGOCIO

Las grandes empresas que ganan miles de millones al año en ganancias son famosas por su evasión de impuestos 'Dutch Sandwiches'. Mi consejo es familiarizarme con los impuestos, los paraísos fiscales y estudiar detenidamente los informes de noticias sobre mega corporaciones que no pagan impuestos. ¡Copiarlos No importa! ¡Qué mierda 'nuevas leyes tributarias'! o 'nuevas regulaciones' se legislasen, BitCoin seguirá siendo en gran medida más valioso que el oro, más valioso que la plata y más valioso que la propiedad.

BitCoin NO es una "*inversión*" ni una "acción o derivada", es un **FORMULARIO DE DINERO** al igual que tu tienes dólares o euros en tu bolsillo, esos dólares están subiendo y bajando de valor, al igual que una moneda digital. Un BitCoin es una forma de dinero que gastas. No es en realidad un 'activo digital' como una acción en Apple o Google.

Entonces, por lo tanto, no debería ser gravado. El hecho de que se vaya de vacaciones y compre EUROS o DOLARES en efectivo en la oficina de Travel Exchange no significa que usted sea un "inversor", y BitCoin es igual ... BitCoin es una MONEDA DE curso FLUIDO y, por lo tanto, es diferente a comprar oro , plata o platino. BitCoin es totalmente diferente de comprar acciones en Apple o FaceBook ...

No se puede caminar por el camino y comprar comestibles con un lingote de oro, pero se puede comprar un sándwich con BitCoin, al igual que si cambias tus dólares por libras y ves y compras un sándwich en Londres. Cualquier 'ley' que se introduzca que afirme que las monedas digitales son imponibles es, por lo tanto, injusta y nula. Las leyes internacionales se basan en la Declaración de Derechos Humanos de las Naciones Unidas, y tu tienes la protección de su correspondencia y **PRIVACIDAD** como un Derecho Humano básico.

Comprar BitCoin es tu elección **PERSONAL** Y **PRIVADA**. Es exactamente lo mismo que si tuviera una lata de viejos centavos debajo de la cama, y una lata de seis peniques ingleses, y otra lata de billetes viejos de sus vacaciones: esta es su posesión PRIVADA y nadie tiene el derecho de invadir su privacidad , o inventar un nuevo impuesto basado en la débil suposición de que BitCoin es una 'inversión'.

«EL HECHO DE QUE SE VAYA DE VACACIONES Y COMPRE EUROS O DOLARES EN EFECTIVO EN LA OFICINA DE DIVISAS NO SIGNIFICA QUE USTED SEA UN "INVERSOR", Y BITCOIN ES IGUAL ... BITCOIN ES UNA MONEDA DE FLUIDO Y, POR LO TANTO, ES DIFERENTE A COMPRAR ORO , PLATA O PLATINO.»

«EL IMPUESTO NO SE USA PARA REPARAR LAS CARRETERAS. EL IMPUESTO ES UN ARMA. LOS IMPUESTOS ESTÁN DISEÑADOS PARA MANTENERTE HUMILLADO EN LA POBREZA. EL IMPUESTO ES UNA HERRAMIENTA DISEÑADA Y UTILIZADA POR LA ELITE REAL-POLÍTICA PARA JODERTE. »

«LA UE MISMA ES EL FOCO DEL PROBLEMA DEL PARAÍSO FISCAL . SI LOS GOBIERNOS DE LA UE REALMENTE QUISIERAN DESHACERSE DE LOS PARAÍSOS FISCALES, DEBERÍAN SER TRANSPARENTES SOBRE EL HECHO DE QUE VARIOS ESTADOS MIEMBROS, COMO LUXEMBURGO, IRLANDA Y LOS PAÍSES BAJOS, TAMBIÉN TIENEN QUE CAMBIAR FUNDAMENTALMENTE SU COMPORTAMIENTO, DIJO TOVE MARIA RYDING, ACTIVISTA DE IMPUESTOS EN LA RED EUROPEA DE DEUDA Y DESARROLLO. »

PARAISO FISCAL DE BITCOIN

He vivido, trabajado y estudiado en paraísos fiscales durante varios años. Si deseas tener tranquilidad, puedes comprar una billetera BitCoin en el extranjero, que es exactamente el mismo tipo de billetera digital que todos los demás, excepto que pagas a un proveedor de billetera digital que se encuentra en un paraíso fiscal para configurar su monedero, llénalo con moneda digital y "*resguardas*" tus BitCoins en esta billetera digital en el exterior, al igual que los **Documentos del Paraíso** revelaron que la Reina de Inglaterra alberga su efectivo en paraísos fiscales mientras vive en el Palacio de Buckingham. utiliza una billetera BitCoin en el extranjero de la misma manera que cualquier otra billetera. Envianos un correo electrónico, al autor/es, para obtener los detalles de contacto de los proveedores de billeteras offshore de BitCoin. Una billetera **PARAISO FISCAL de** BitCoin funciona igual que una billetera normal, es un dispositivo de hardware y no se puede volver a trabar, la principal diferencia es que es propiedad y está operado por una entidad extraterritorial que tiene poca o ninguna exposición gravable.

La Lista Negra de Paraísos Fiscales de la Unión Europea es:

American Samoa
Bahrain
Barbados
Grenada
Guam
South Korea
Macau
The Marshall Islands
Mongolia
Namibia
Palau
Panama
Saint Lucia
Samoa
Trinidad and Tobago
Tunisia
United Arab Emirates

Entonces, si vives en alguno de estos territorios y quieres entrar en BitCoin a lo grande, ten en cuenta que los políticos de la Unión Europea planean vulnerar tus derechos e ilegalmente gravarte y posiblemente restringir tu libertad de movimiento dentro y fuera del país. En noviembre de 2017, se expusieron millones de libras del dinero privado de la Reina que se habían invertido en fondos extraterritoriales en paraísos fiscales de la isla caribeña. Esto se filtró de los *"Documentos del Paraíso" del que fuimos los primeros en informar en Youtube y tuvimos el video restringido durante horas. Véase en mi canal Colin Rivas Show, la fecha de publicacion.*

PARADISE PAPERS
LA FILTRACIÓN

13,4 millones de documentos obtenidos por el diario alemán *Süddeutsche Zeitung* y compartidos con el Consorcio Internacional de Periodistas de Investigación (ICIJ).

Involucra a	de	comenzó
380 periodistas	**67** países	DICIEMBRE 2016 **11** meses atrás

19 Jurisdicciones secretas, desde Islas Caimán, en el Caribe, hasta la Isla de Man, cerca de Gran Bretaña.

2 empresas dedicadas al negocio offshore: Appleby (con casa matriz en Bermudas) y Asiaciti Trust (Singapur).

  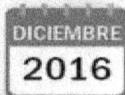

Fuente: Consorcio Internacional de Periodistas de Investigación (ICIJ).

The **Paradise Papers-** *Documentos del Paraíso* es una investigación especial realizada por The Guardian y 95 medios de comunicación de todo el mundo en una filtración de 13.4 millones de archivos de dos proveedores de servicios offshore y 19 registros de empresas de paraísos fiscales. El escándalo del paraíso fiscal de £10m de la Reina muestra que el efectivo de One es offshore (y en Threshers y BrightHouse). La filtración de Paradise Papers revela que el dinero fue invertido por el patrimonio del Ducado de Lancaster, que le proporciona a Su Majestad un ingreso y se encarga de las inversiones para su finca privada de £500 millones de libras.

<<UNA BILLETERA BITCOIN OFFSHORE O DE PARAISO FISCAL FUNCIONA IGUAL QUE UNA BILLETERA NORMAL, ES UN DISPOSITIVO DE HARDWARE Y NO SE PUEDE VOLVER A TRABAR, LA PRINCIPAL DIFERENCIA ES QUE ES PROPIEDAD Y ESTÁ OPERADO POR UNA ENTIDAD EXTRATERRITORIAL QUE TIENE POCA O NINGUNA EXPOSICIÓN GRAVABLE>>

Proof of Work

Proof of Work *n.*

Pruf•ov•werk• {**en español prueba de función o trabajo**}*: cada máquina compite con el resto para resolver un problema criptográfico y añadir su bloque a la cadena de bloques. Es un problema tipo de prueba y error (fuerza bruta), algo así como un Sudoku (cuesta mucho de hacer, pero es fácil verificarlo). La dificultad del problema se mide en hashes/s (número de combinaciones/s), y se regula automáticamente cada 2016 bloques (aprox. 2 semanas) con la potencia computacional de la red. Esto se hace para evitar un hackeo del double spending. Un atacante entraría en una carrera con el resto de nodos para romper la integridad de la cadena de bloques. Lo que lo hace difícilmente hackeable.*

CAPITULO V
LO PROHIBIRAN
O HACKEARAN...

«POR LO QUE YO SÉ BITCOIN ES INHACKEABLE»
XAVI DÍAZ, JEFE DE COMUNICACIÓN DE BITCHAIN

Las criptomonedas incluido el Bitcoin están prohibidas en China, Bolivia, Ecuador, Nepal, marruecos...

Los intercambios digitales son el eslabón más débil en la cadena BitCoin. Para evitar perder BitCoin a través de vulneraciones de privacidad maliciosas y regulaciones de impuestos inconstitucionales, nunca deje más de $20,000 dentro de un sitio de intercambio digital online.

BitCoin nunca ha sido pirateado, y el 99% de todas las demás monedas digitales no han sido pirateadas. En su mayor parte, las propias monedas han sido bastante impermeables a la piratería. Ha habido algunas debilidades y defectos de vez en cuando con **Ethereum Classic**, pero eso fue todo resuelto.

La mayor amenaza para los propietarios de BitCoin proviene de nuevas 'leyes' inconstitucionales, injustas y francamente ilegales. La última semana de noviembre de 2017 tuvo lugar un "golpe" enorme al precio de todas las monedas y fichas BitCoin y Ethereum, y esto fue causado por dos Bolsas que tuvieron problemas con sus servidores. Ciertamente fue causado por un intento de pirateo.

El pirateo masivo de smartphones -como lo expuso el ex contratista de la NSA Ed Snowden- ya puede ocurrir, y es posible que los teléfonos inteligentes estén siendo atacados en masa para ingresar y recibir las transacciones de BitCoin enviadas y recibidas desde los exchanges que la gente se registra para que puedan comprar BitCoin y retirar el BitCoin en una moneda fiduciaria. Es muy probable que estas violaciones de la seguridad en los intercambios digitales se hayan orquestado para que los gobiernos puedan imponer facturas fiscales a los miembros del público. ¿Cuál es su crimen? Los intercambios son los eslabones más débiles de la cadena, no porque se ejecuten mal, sino porque están siendo atacados por la NSA.

Los hackeos de alto nivel que se han realizado hasta el momento se dirigen a personas individuales que tienen cuentas en los intercambios de monedas digitales online, y la línea de tiempo de estas cuentas pirateadas individuales le dice todo lo que necesita saber. Es muy obvio que los principales hackers de teléfonos inteligentes son AGENCIAS DEL GOBIERNO.

¿POR QUÉ LA ÉLITE FINANCIERA DISEMINA FALSOS RUMORES SOBRE BITCOIN? Los POLITICOS, LOS GRANDES BANCOS y la Élite Aristocrática-Real de Europa tradicionalmente han poseído y controlado todos los Bancos Privados que a su vez otorgan bonos y billetes de deuda a gobiernos de todo el mundo. Esos préstamos son aprobados por los políticos en secreto, y muchos de esos políticos, como el presidente francés Emmanuel Macron, solían trabajar para bancos como los Rothschild que tradicionalmente han ganado grandes fortunas por cobrar intereses sobre la "*deuda nacional*" de los gobiernos. Es un círculo vicioso y un círculo cobarde. Y muchos miembros de este Club de *Banquerosos* ahora están planeando '*Leyes contra el Lavado de Dinero*' que les darán el derecho de aprovechar BitCoin de cualquier miembro del público.

BitCoin amenaza ese acogedor nido de víboras. **¿Puedo decir con la mano en el pecho que los banqueros son de confianza?** No, no puedo. Echemos un vistazo al *banqueroso* más grande del planeta: EL BANCO MUNDIAL: En WASHINGTON, el 11 de agosto de 2016. El Grupo del Banco Mundial emitió la siguiente declaración del presidente del Grupo del Banco Mundial, Jim Yong Kim, sobre el informe del Panel de Inspección del Banco Mundial. investigación sobre el proyecto de desarrollo del sector del transporte de Uganda:

"El Panel de Inspección ha entregado al Consejo del Banco Mundial su informe de investigación sobre el Proyecto de Desarrollo del Sector del Transporte de Uganda. Las fallas en este proyecto nos han llevado a evaluar todos los proyectos similares para asegurarnos de que mantenemos el principio de no hacer daño. En diciembre pasado, dimos el paso muy inusual para cancelar el proyecto antes de que se completara la investigación del Panel de Inspección. Tomamos esta decisión debido a la gravedad de las acusaciones, especialmente en relación con la conducta sexual inapropiada que involucró a contratistas a sueldo del gobierno ugandés ... "

Hojeando los informes de los periódicos sobre los escándalos de los **Bankerosos**, se le puede perdonar que piense que el mundo de las finanzas está lleno de lacayos y pedófilos, que se meten la nariz en el culo. Dominique Gaston André Strauss-Kahn es un político francés, ex director gerente del Fondo Monetario Internacional (FMI) y una figura controvertida en el Partido Socialista Francés debido a su participación en varios escándalos financieros y sexuales. A menudo se lo menciona en los medios, y solo, por sus iniciales DSK. Era un hombre que una vez fue elegido para convertirse en presidente de Francia, ya que había sufrido cargos penales por intento de violación. Muy pocos periódicos franceses informaron sobre los asuntos sexuales de Strauss-Kahn hasta su arresto en Nueva York por presunta violación, a pesar de que París estaba llena de rumores sobre el estilo de vida libertino de DSK cuando era ministro de Finanzas en la década de 1990.

En 2008, el periódico Daily Mail anunció que el jefe del FMI, Dominique Strauss-Kahn, estaba siendo investigado por presuntamente abusar de su posición después de tener una relación sexual con un empleado rubio que ... Llegó 15 meses después de que el ex presidente del Banco Mundial Paul Wolfowitz se viera obligado a renunciar ¡por supuesto favoritismo a un miembro del personal subalterno!

En 2015, la BBC dijo que el gigante bancario HSBC ayudó a clientes adinerados de todo el mundo a evadir cientos de millones de libras en impuestos, y algunos de esos clientes de HSBC en Suiza eran ministros del gobierno con cientos de miles de dólares escondidos en secreto. el programa de televisión de investigación Panorama ha visto las cuentas de 106,000 clientes en 203 países, filtradas por el denunciante Herve Falciani en 2007. Los documentos incluyen detalles de casi 7,000 clientes en el Reino Unido. Tantos políticos eran clientes de la sucursal de HSBC en Ginebra que la lista se "perdió" dos veces para evitar [sin éxito] que la prensa publicara los nombres.

La lista se hizo conocida como la **Lista LaGarde** y se expuso justo en el medio de la **ESTAFA DE AUSTERIDAD,** que se lanzó a raíz de la estafa hipotecaria sub-prime totalmente falsa y diseñada que derrocó al banco Lehman Brothers. La **AUSTERIDAD** fue una estafa malvada en la que los **INGRESOS POR IMPUESTOS** de países como Grecia se pagaban en bruto **DIRECTAMENTE** a los propios banquerosos. La madre del ex primer ministro griego George Papandreou estaba detrás de una cuenta bancaria suiza de fondos mutuos por valor de $550 millones (euros 300 millones). Ella no había trabajado durante 20 años e incluso cuando estaba trabajando no tenía empleo que podría haberle dado una fortuna tan grande. **¿De dónde vino este dinero?** Bueno, en 2012 y 2013, se filtraron documentos anónimos que sugerían que se trataba de **DINERO DE IMPUESTOS**, sí, robado directamente a los griegos y transferido a Suiza.

El razonamiento que estoy haciendo aquí es que los *banquerosos* mismos no son más blancos que los blancos, y son ellos los que "*aconsejan*" a los gobiernos que graven y regulen las monedas digitales como BitCoin.

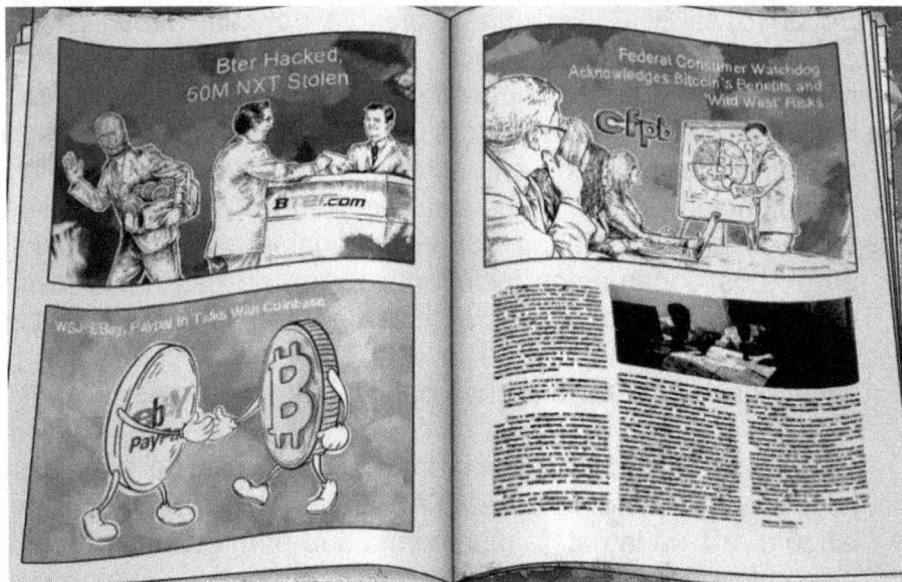

De hecho, ¡los cientos de millones de dólares estafados por los banqueros avergüenzarían a la propia mafia siciliana!

Si los ministros y presidentes europeos hubieran invertido en BitCoin en 2012, entonces toda la DEUDA NACIONAL podría haber sido cancelada hasta ahora.

¿ESTÁN LOS EMPLEADOS DEL GOBIERNO Y LOS JUECES PASANDO LOS DATOS DE CLIENTES DE BITCOIN A LAS AGENCIAS ESPÍA QUE HALLAN EN TELÉFONOS? ¿Es coincidencia que para el mes de marzo siguiente, las personas que habían visitado el sitio de Coinbase informaban que estaban siendo pirateados? Varios de los ataques a individuos sugieren que requieren la cooperación perezosa de los operadores de telecomunicaciones, la policía y los principales periodistas que en general han censurado todas las noticias sobre el aumento meteórico de valor de BitCoin durante varios años.

Un artículo de Jen Wieczner publicado en FORTUNE expone el caso de un miembro típico del público que fue pirateado utilizando una metodología que DEBE haber involucrado la complicidad de los principales promotores y agitadores en la parte superior:

"En marzo de 2017, Sean [la víctima] vendió todas sus acciones, incluidas Apple y Amazon, y utilizó una parte de las ganancias para comprar Bitcoin y Ethereum en un sitio llamado Coinbase. La decisión hizo que Everett, el CEO de la empresa de inteligencia artificial Prome, casi instantáneamente fuera más rico, ya que el valor de las monedas basadas en blockchain se incrementó exponencialmente durante las siguientes semanas.

Pero luego, mientras él estaba paseando al perro después de las 10 p.m. el miércoles, 17 de mayo, Everett recibió la llamada. Era T-Mobile, llamándolo para confirmar que estaba cambiando su número de teléfono a un dispositivo diferente. Fue un movimiento sospechoso que Everett ciertamente no había solicitado. Pero incluso mientras le suplicaba al agente que bloqueara el interruptor, ya era demasiado tarde. Menos de cinco minutos después, el servicio celular de Everett se cortó abruptamente, y mientras corría hacia su ordenador, se vio robado en tiempo real. Una serie de notificaciones por correo electrónico confirmaron que alguien había tomado el control de su cuenta principal de Gmail y luego ingresado en su "billetera" Coinbase.

Habían ingresado con la ayuda de su número de teléfono cambiado: la cuenta de Everett requería que iniciara sesión con un código de autenticación de dos factores enviado por mensaje de texto, como una segunda salvaguarda, y ahora el texto había ido directamente al ladrón.

Le llevó solo dos minutos al atacante limpiar a Everett de lo que entonces era una cantidad de monedas digitales de unos miles de dólares. Desde la perspectiva de Everett, el atraco aún más doloroso fue lo que vino después:

el precio de Ethereum se cuadruplicó en las siguientes tres semanas. Había alcanzado su máximo histórico de $400 dólares solo horas antes de conocer a Everett en una cafetería de Nueva York en una húmeda tarde de junio. Bitcoin, mientras tanto, había roto $3,000 por primera vez un día antes, y Everett estaba ansioso por perder sus monedas digitales. "No solo estoy perdiendo mi dinero, tampoco aumento el precio", se lamentó. Por otra parte, la mayor sorpresa para Everett, y resultó ser, para muchos otros entusiastas de Bitcoin, fue que el robo ocurrió en Coinbase en absoluto. La Coinbase de San Francisco, el mayor mercado de criptomonedas del mundo, es una de las pocas empresas similares cuyos cofres nunca han sido pirateados, una distinción que tiene un peso adicional en el ámbito de la cadena de bloques, donde varias infracciones costosas han sido noticia mundial. Casi cualquier inversionista temprano con quien hablas perdió dinero en Mt. Gox, un intercambio que colapsó en 2014 después de que piratas informáticos saquearon casi $500 millones en Bitcoin. El verano pasado, los ladrones se apropiaron de $72 millones del intercambio de cifrado de Hong Kong Bitfinex de un solo golpe "

Lógicamente, es muy probable que los próximos objetivos de estos hackers de nivel superior bien conectados sean las empresas que venden BitCoin procesando tarjetas de crédito. Ahora, teóricamente, MasterCard y Visa impiden que estas empresas procesadoras tengan TODOS los datos de las tarjetas de los clientes, pero algunas empresas como HOTELS han reconocido que conservan TODOS los detalles de la tarjeta del cliente. Es lógico suponer que los jueces emitirán fallos ilegales muy pronto y se apropiarán de las listas de clientes que compraron BitCoin. Igualmente, es obvio que los gobiernos intentarán IMPONER tasas desde el origen a todas las compras de BitCoin. Para evitar este atolladero, mi consejo es muy simple:

Compra BitCoins de un amigo y usa una billetera BitCoin Offshore administrada por un tercero con estado exento de impuestos para evitar ser estafado por esta maloliente red gubernamental. ¡No digas que no te advertí!

Dudo que BitCoin sea pirateado, pero es muy probable que los banqueros deshonestos aconsejen a los gobiernos imponer regulaciones injustas para proteger el círculo vicioso del endeudamiento gubernamental y mantener esa deuda nacional alimentando el dogma político de "No tenemos dinero". para nuevos hospitales y escuelas, y para mantener miles de millones de impuestos desperdiciados yendo directamente a los bolsillos de los políticos criminales que firman enormes acuerdos de préstamo con el Banco Mundial sin ningún tipo de supervisión por parte de ningún miembro del público.

BITCOIN Y LOS BANKERoSos EUROPEOS

Jamie Dimon, CEO del banco más activo de los Estados Unidos, JPMorgan, y considerado el banquero más importante del mundo, dijo que *"la criptomoneda es un fraude, no durara mucho tiempo y no terminará bien"* Las declaraciones de Dimon no terminan allí, ya que el director ejecutivo del banco dijo que despedirían a cualquier empleado que trate con bitcoin por ser *"estúpido"* Esto lo dijo ya hace casi 4 años...

La *"comisaria de competencia"* de la UE, Margrethe Vestager, acaba de abofetear a Apple con un recibo de impuestos de £ 11 mil millones. Esta factura de impuestos es desproporcionadamente grande, como verás más adelante, Apple parece haber sido injustamente penalizada, porque la mayoría de las facturas de impuestos posteriores a la fecha, como el impuesto pagado por Su Majestad la Reina sobre sus inversiones en el extranjero, ascienden generalmente a menos de un cuarto del uno por ciento! Sí, Apple se ve obligada a pagar £11 MIL MILLONES en efectivo. Creo que esta es la factura de impuestos más grande de todos los tiempos. ¿Qué le pasará a este dinero? El presidente Juncker del gobierno europeo de los Súper-Estados no ha dicho lo que planea hacer con esta gran cantidad de efectivo extraído de los cofres de Apple ...

De hecho, £11 mil millones: si se invirtiera en BitCoin ganaría suficiente interés como para que cada niño en edad escolar en Europa pudiera tener GRADOS UNIVERSITARIOS GRATUITOS y una subvención gratuita de $10,000 para su primer año de trabajo. ¡Vaya! ¡Dios mío, no debo decir ese tipo de cosas, pero es VERDADERO! ¿Vulneró Apple la ley? No, no lo hicieron. De hecho, Apple se atuvo a la ley y estaba siguiendo consejos de evasión de impuestos que era casi idéntico al otorgado a otras grandes corporaciones como McDonalds.

El Sr. Juncker, presidente de la Comisión Europea, fue primer ministro de Luxemburgo durante 19 años hasta 2013, y de hecho es responsable de que las mega-corporaciones no paguen impuestos. En 2016, McDonalds fue acusado de evitar un billón de euros (£ 850 millones) en impuestos de 2009 a 2013 al desviar los ingresos de toda Europa a través de Luxemburgo, donde se afirma que recibió un trato especial para reducir su tasa impositiva.

Según una investigación del periódico Daily Mail en Londres, Amazon enfrenta afirmaciones similares de que bajó su factura de impuestos al realizar ventas a 40 clientes de TAX Europe a través de un brazo de la compañía en Luxemburgo, sí, mientras que Juncker era un capo en el Gobierno. de Luxemburgo!

En 2014, el negocio de Amazon en el Reino Unido supuestamente pagó solo £11.9 millones en impuestos sobre £5.3billones de ventas a compradores británicos. ¡Espera un minuto! 5.3 billones en números es 5.300,000,000 y 11.9 millones en números es 11,900,000 - esto significa que los 'enojados' jefes de la Unión Europea impusieron - ¡aguarde! - ¡una factura de impuestos de alrededor de UN TRIMESTRE DE UN POR CIENTO en Amazon! Bien, mi querido lector: si su factura de impuestos fuera de solo un cuarto del uno por ciento, estoy seguro de que no le importaría pagar su factura anual de impuestos. El problema aquí es que la Unión Europea está intentando hacer que parezca que las megacorporaciones se ven obligadas a pagar su "*parte justa*" de los impuestos.

¡La VERDAD es completamente lo opuesto! El acuerdo especial de Amazon con Luxemburgo data de 2003, cuando el presidente de la Comisión Europea, Jean-Claude Juncker, fue primer ministro ...

LA GUERRA contra Apple COMPUTER CORPORATION

Es hora de que Apple lance su propia moneda digital y es hora de que todos nos levantemos contra estos políticos que esquivan impuestos. Los hipócritas de la Comisión Europea libran una guerra contra Apple. Lo declararé de la siguiente manera;

La única corporación que de hecho recibió una gran factura de impuestos -proporcionalmente mucho más grande que cualquier otra propuesta para Amazon o McDonalds- es Apple, que tiene la seguridad y privacidad de sus clientes de iPhone, iPad y Mac cerca de sus corazones. En octubre de 2017, la Comisión Europea [que es un grupo de **Bankerosos** no elegidos] anunció que el gobierno de Irlanda "no recaudó hasta 13.000 millones de euros [es una asombrosa suma de 15.000 millones de dólares USA] en impuestos del fabricante de iPhone Apple, y, por lo tanto, la Unión Europea está remitiendo el caso al Tribunal de Justicia de las Comunidades Europeas ... '¡Guau! Aquí vienen algunos jueces [ver más adelante en este libro cuán corruptos son estos jueces] ...

El simple hecho del asunto es el siguiente: Apple simplemente ha seguido los consejos impositivos en Irlanda que siguen miles de otras corporaciones, e Irlanda siempre ha tenido una política de impuestos corporativos baja para impulsar el empleo. Apple no ha hecho nada más y nada menos que Amazon, Facebook o cualquier otra corporación con sede en Irlanda, y sin embargo su factura de impuestos es gigantesca, ¡mucho más que el UN CUARTO de UNO POR CIENTO que la Unión Europea impuso a las ganancias de Amazon en el Reino Unido!

EL PRESIDENTE JUNCKER ES EL CAPO DEFRAUDADOR DE IMPUESTOS Los documentos filtrados entregados al diario Guardian en Londres revelan que el presidente de la comisión europea, Jean-Claude Juncker, sí el presidente del mismo "*gobierno*" de la UE que está considerando "*leyes anti blanqueo de dinero*" que otorgarán a la UE el derecho a aprovechar miles de millones de dólares en BitCoin - bueno, fue el propio Juncker quien pasó años en su papel anterior como primer ministro de Luxemburgo bloqueando secretamente los esfuerzos de la UE para hacer frente a la evasión fiscal por parte de las corporaciones multinacionales.

Tax avoidance

Jean-Claude Juncker blocked EU curbs on tax avoidance, cables show

Leaked papers reveal that as Luxembourg's PM, the European commission president obstructed the bloc's tax reforms efforts

Simon Bowers

🐦 @sbowers00
Sun 1 Jan 2017 13.14 GMT

f 🐦 ✉ •••

🕐 This article is 1 year old

18,722

▲ The leak will embarrass Jean-Claude Juncker, who has since said he would lead EU tackle tax avoidance efforts. Photograph: Xinhua/REX/Shutterstock

The president of the European commission, Jean-Claude Juncker, spent years in his previous role as Luxembourg's prime minister secretly blocking EU efforts to tackle tax avoidance by multinational corporations, leaked documents reveal.

Years' worth of confidential German diplomatic cables provide a candid account of Luxembourg's obstructive manoeuvres inside one of Brussels' most secretive committees.

Los documentos filtrados, compartidos con The Guardian y el Consorcio Internacional de Periodistas de Investigación por el grupo de radio alemán NDR revelan que el presidente Juncker, que fue primer ministro de Luxemburgo desde 1995 hasta finales de 2013, no solo ayudó a las mega corporaciones a evitar grandes cantidades de impuestos , pero también participó en reuniones con funcionarios de la UE que trataban de lograr que las empresas pagaran su parte justa y desbarataron todos los planes de estos funcionarios de la UE al rechazar estas políticas. Durante ese período, Juncker también actuó como ministro de finanzas y tesorería, interesándose de cerca por la política tributaria. A pesar de tener una población de solo 560,000, Luxemburgo pudo resistir las reformas fiscales ampliamente apoyadas por la UE.

«HMMMM ... ENTONCES PARECE, SEGÚN LOS
PERIODISTAS DE MUCHOS PERIÓDICOS, ESO
ESTE HOMBRE, EL SR. JUNCKER, DURANTE MUCHOS,
MUCHOS AÑOS HAN ESTADO PROTEGIENDO Y
AYUDANDO A LAS CORPORACIONES Y PERSONAS MUY, MUY
MUY RICAS PARA EVITAR PAGAR IMPUESTOS ...
BUENO, BUENO, BUENO ... UNO DE ESTOS
LA GENTE QUE JUNCKER HA ESTADO AYUDANDO
PARECE SER SU MAJESTAD REINA
ELIZABETH!»

Entre las propuestas populares en el comité del código de conducta, pero con la oposición de Juncker y Luxemburgo, se encuentran:

• Planes para que las autoridades fiscales de cada estado miembro sometan sus negociaciones con empresas multinacionales a una "revisión por pares".

• Se mejoró el intercambio de información entre los Estados miembros sobre los acuerdos fiscales otorgados a las multinacionales en privado.

Sí. De acuerdo con los Papeles Paraíso filtrados en The Guardian, la fortuna personal de la Reina, que se conoce como el "Ducado de Lancaster", fue un blanqueo de dinero a través de varios fondos, y terminó en Luxemburgo - oh sí, el mismo país donde un humilde ¡el hombre de rostro gris y incomprensiblemente carismático de un país del tamaño de un pañuelo se convirtió de pronto en el "presidente" de 550 MILLONES de personas! De acuerdo con la filtración de Paradise Papers, los gerentes del Dover Street Fund tomaron parte en un vehículo de capital privado llamado Vision Capital Partners VI B LP - esta firma está literalmente a la vuelta de la esquina del Palacio de Buckingham.

Esta alianza fue "*formada por Vision Capital Partners para adquirir una cartera de dos minoristas en el Reino Unido*". Los dos minoristas son BrightHouse [ampliamente criticados por *'prestamista'* y cobran grandes cantidades de intereses, lo que hace que un extractor de £230 caiga en más de £500. Y el segundo minorista fue Threshers, que se especializó en la venta de alcohol a familias de clase trabajadora mal pagadas en polígonos industriales. Los gerentes de fortuna privados de la Reina contribuyeron con $450,000 (£344,000) a esta compra de los minoristas.

El fondo Dover Street VI se estableció a finales de diciembre de 2014 y desde entonces ha estado vendiendo sus propiedades y devolviendo fondos a los inversores. No está claro por la fuga de lo que ha sido devuelto al ducado. Los documentos de Paradise muestran que el Ducado recibió alrededor de $ 361,367, lo que no está nada mal considerando que la inversión inicial fue de solo $450,000.

Sin embargo, los Documentos del Paraíso también muestran que solo una pequeña cantidad de impuestos - alrededor del 0.4% ($ 1,505) fue pagada por la Reina. Es interesante apuntar que el gobierno británico y europeo se ha cargado la clase media y creado la peor crisis de pobreza a la que los británicos y europeos se han enfrentado en su vida y que la reina básicamente estaba invirtiendo en dos minoristas que explotan a la clase trabajadora: uno a través de un usurero y el otro mediante la adicción al alcohol . De hecho, BrightHouse ha sido acusado de cobrar de más a los clientes y usar tácticas de venta dura. BrightHouse ha sido investigado por la *Financial Conduct Authority*, que el mes pasado dijo que no era un prestamista 'responsable'. La compañía también se vio obligada a cambiar la forma en que verificaba las finanzas de los clientes antes de otorgarles préstamos, a fin de mantener su licencia de crédito del consumidor.

¡PERO ESPERAD UN MINUTO!: The Guardian afirma que esta compañía de préstamos hipotecarios, BrightHouse, ha limitado su factura de impuestos a través de un gran préstamo a una sociedad holding de Luxemburgo. Sí, Luxemburgo. ¡Ese pequeño y pequeño país cuyo ex primer ministro misteriosa y antidemocráticamente fue promovido para ser el "presidente" de 550 millones de personas! Y ya sabes, ¡ni una sola de esas personas le votó ese trabajo, que le paga un salario más grande que Donald Trump!

Revealed: Queen's private estate invested millions of pounds offshore

The Queen
Paradise Papers

Hilary Osborne
Sun 5 Nov 2017 18.00 GMT

This article is 3 months old

25,085

Paradise Papers leak reveals Duchy of Lancaster put money into retailer criticised for exploiting poor families

The offshore Queen

▲ Paradise Papers: The offshore Queen – video explainer

Millions of pounds from the Queen's private estate has been invested in a Cayman Islands fund as part of an offshore portfolio that has never before been disclosed, according to documents revealed in an investigation into offshore tax havens.

Files from a substantial leak show for the first time how the Queen, through the Duchy of Lancaster, has held and still holds investments via funds that have put money into an array of businesses, including the off-licence chain Threshers, and the retailer BrightHouse, which has been criticised for exploiting thousands of poor families and vulnerable people.

The duchy admitted it had no idea about its 12-year investment in BrightHouse until approached by the Guardian and other partners in an international project called the Paradise Papers.

«OH, SÍ, ESTOS SON LOS MISMOS EVASORES FISCALES DE IMPUESTOS EN EL REINO UNIDO Y LA SEDE DE LA UE ESTÁN PLANEANDO UNA OFENSIVA CONTRA BITCOIN.»

¡Entre 2007 y 2014, la firma Queen's BrightHouse reportó £ 1.6bn en ingresos e hizo un beneficio operativo declarado de £ 191m, pero pagó menos de £ 6m en impuestos corporativos! Este análisis fue realizado por la revista Private Eye en el Reino Unido, lo que demuestra una vez más que los súper ricos apenas pagan impuestos. PERO ESPERE - HAY MÁS ... Juncker, y su querida y vieja Majestad, con su firma de préstamos hipotecarios, que han evadido cientos de millones de dólares en impuestos anunciados el 4 de diciembre, que tomarán medidas enérgicas contra cualquier persona que posea una sola fracción de un BitCoin!

Por lo tanto, estas nuevas restricciones propuestas por el gobierno británico y de la UE para BitCoin son en sí mismas ilegales. ¿Por qué? Porque la definición aceptada de "*lavado de dinero*" NO es lo que sucede cuando un miembro del público transforma parte de su dinero en papel en una moneda digital. Los informes del periódico del 4 de diciembre de 2017 dicen; El Tesoro de Su Majestad planea 'regular' Bitcoin y otras criptomonedas para alinearlas con la legislación financiera contra el lavado de dinero y la lucha contra el terrorismo. ¡Contra el terrorismo! **¿Qué diablos tiene que ver el propietario promedio de BitCoin con el terrorismo?** Estas nuevas leyes propuestas **son básicamente una difamación** sobre el buen carácter de cualquiera que posea una fracción de un BitCoin.

Los informes de los periódicos de diciembre de 2017 se jactaban de que BitCoin 'Traders' se vería obligado a revelar sus identidades:

"Las leyes propuestas pondrán fin al anonimato que ha hecho que la moneda sea atractiva para el tráfico de drogas y otras actividades ilegales. De acuerdo con el plan de la UE, las plataformas en línea en las que se negocien bitcoins deberán llevar a cabo una diligencia debida en los clientes e informar las transacciones sospechosas. El gobierno del Reino Unido está negociando enmiendas a la directiva contra el blanqueo de dinero para garantizar que las actividades de las empresas sean supervisadas por las autoridades nacionales."

El Tesoro dijo: *"Estamos trabajando para abordar las preocupaciones sobre el uso de las criptomonedas negociando para llevar las plataformas de intercambio de divisas virtuales y algunos proveedores de billetera dentro de la regulación contra el lavado de dinero y el financiamiento del terrorismo".*

Dicen que tienen "*preocupaciones*" de que BitCoin se utilice para "*lavado de dinero y evasión de impuestos*". De ninguna manera, ¿en serio? **¿Qué quiere decir *"lavado de dinero"* como invertir en una firma de préstamos para préstamos que intimida a los clientes, los cobra excesivamente por productos de mala calidad y apenas paga impuestos por sus ganancias? ¿Se refiere a ese tipo de blanqueo de dinero?** Bueno, la definición ampliamente aceptada de **"lavado de dinero"** es:

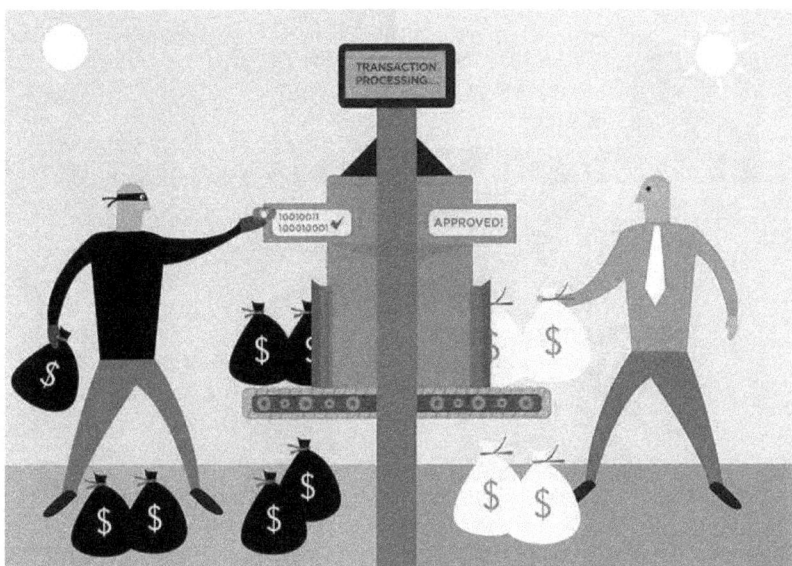

«EL LAVADO DE DINERO ES EL PROCESO DE CREAR LA APARIENCIA DE QUE GRANDES CANTIDADES DE DINERO OBTENIDAS DE ACTIVIDADES DELICTIVAS, COMO EL TRÁFICO DE DROGAS O LA ACTIVIDAD TERRORISTA, SE ORIGINARON A PARTIR DE UNA FUENTE LEGÍTIMA...»

Bueno, bueno, bueno, si eso no es así. BLANCO Y EN BOTELLA ¿Qué es?: no sé lo que es. Como digo, si quieres evitar legalmente todas estas tonterías, ponte en contacto con el autor acerca de los servicios de Bitcoin offshore 100% legales que se configuran de manera muy similar a los mecanismos utilizados por los súper ricos, como la Reina de Inglaterra y los reyezuelos europeos, para ocultar [legalmente] sus identidades y ganar dinero sin pagar apenas un céntimo en impuestos."

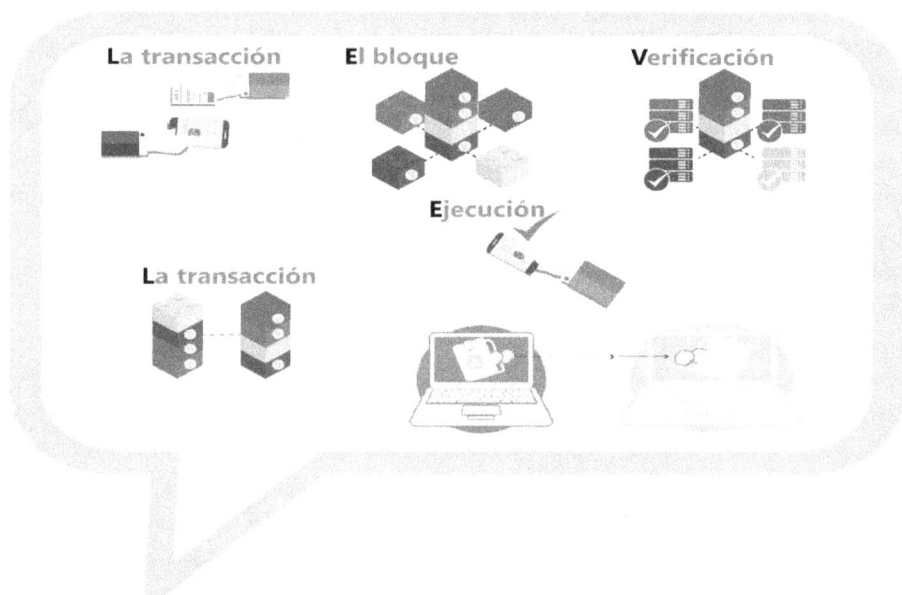

BlockChain *n.*

Block•cha•in *es una base de datos distribuida, formada por cadenas de bloques diseñadas para evitar su modificación una vez que un dato ha sido publicado usando un sellado de tiempo confiable y enlazando a un bloque anterior. Por esta razón es especialmente adecuada para almacenar de forma creciente datos ordenados en el tiempo y sin posibilidad de modificación ni revisión. Este enfoque tiene diferentes aspectos: 1.* **Almacenamiento de datos 2.Transmisión de datos 3.Confirmación de datos.** *El tipo de algoritmo más utilizado es el de prueba de trabajo en el que hay un proceso abierto competitivo y transparente de validación de las nuevas entradas llamada minería. Los datos almacenados en la cadena de bloques normalmente suelen ser transacciones (p. ej. financieras) por eso es frecuente llamar a los datos transacciones. Por ejemplo una cadena de bloques puede ser usada para estampillar documentos y asegurarlos frente a alteraciones.*

REVOLUCIÓN BITCOIN 102

CAPITULO VI

¿COMO FUNCIONA LA CRIPTOMONEDA?

«BITCOIN ES UN ACTIVO [DIGITAL] QUE SE ESTÁ MONETIZANDO»
JUAN RAMÓN RALLO

BLOCKCHAIN es un libro de ventas o cuentas visible públicamente en el ciberespacio. Cada transacción con cada moneda digital pasa a través de BLOCKCHAIN y se puede ver con un número de código único en tiempo real. Un blockchain es un libro de cuentas digital descentralizado y distribuido que se utiliza para registrar transacciones en muchos ordenadores para que el registro no se pueda alterar retroactivamente sin la alteración de todos los bloques posteriores y la colusión de la red. Un pago enviado a través de BlockChain no se puede revertir de manera repentina, como un cobro revertido en un pago con tarjeta de crédito.

Los datos de todos estos miles de millones de transacciones diarias se distribuyen en al menos 72 servidores en todo el mundo en cualquier momento. Si un servidor es pirateado, entonces no importa; los otros servidores *'mantendrán la tensión'*. En diciembre de 2017, el gobierno de Su Majestad anunció un nuevo satélite que supuestamente 'limpiará la basura espacial': ¿por qué se despojaría al contribuyente británico de la construcción de un satélite para limpiar la basura espacial creada por los rusos y la NASA? Obviamente, hay un motivo más siniestro y anterior.

La única forma en que se puede detener BlockChain es mediante la voladura de todo el planeta en una TORMENTA ELÉCTRICA que borrará los datos de RAM, ROM, BIOS y sistema operativo de cada ordenador. Incluso entonces, los datos de Blockchain se mantendrán en el espacio exterior en la RAM de los satélites geoestacionarios, por lo que también tendrían que ser borrados individualmente.

Space junk cleanup mission prepares for launch

RemoveDebris operation will test a range of devices, including nets and harpoons, designed to sweep up litter orbiting Earth

Nicola Davis

@NicolaKSDavis
Mon 4 Jul 2016 17.55 BST

Summer Science Exhibition 2016: Cleaning up space junk. Credit: Surrey Space Centre, University of Surrey.

Harpoons, nets and sails are to be sent into space in an effort to tackle the problem of space junk, scientists have revealed.

The mission, dubbed RemoveDebris, is expected to launch early next year and will test a range of devices designed to sweep up litter orbiting the Earth.

Without such technology, the scientists say, satellite-based communication, weather monitoring and navigation systems could be at risk.

"The problem with so much junk up there now is it is actually starting to prove a real issue, and the chance of collisions is increasing all the time," said Jason Forshaw, the project manager of RemoveDebris at the Surrey Space Centre.

¿Es esto factible? Sí, lo es, pero significará que incluso si un portátil solitario tiene una copia de Blockchain, las transacciones diarias progresarían y continuarían probablemente en una semana después de que la seed o semilla del Blockchain se propagase una vez más por Internet.

La aniquilación técnica total de Internet es necesaria para matar al Blockchain. BLOCKCHAIN es donde se llevan a cabo todas las transacciones y lo mantienen miles de mineros digitales. Estas personas están resolviendo ecuaciones matemáticas complejas y para cada ecuación exitosa se les recompensa con una moneda BitCoin o una moneda Ethereum, o pueden ganar una pequeña fracción de una moneda si se resuelve parte de la ecuación.

Esto requiere un gran poder de procesamiento de la ordenador y el proceso se llama **HASHING**. Cada vez que se emite una moneda digital, se registra y se enumera en Blockchain. Las nuevas transacciones se transmiten a todos los nodos. Cada nodo minero recoge nuevas transacciones en un bloque. Cada nodo minero trabaja para encontrar un código de prueba de trabajo para su bloque.

Cuando Bitcoin empezó, era posible minar utilizando únicamente la CPU y la GPU de su ordenador de escritorio. Si bien esto aún es posible, los retornos hacen que la ejecución de este método sea poco práctica. Gastará mucho más en electricidad de lo que ganará monedas mineras. En cambio, el hardware personalizado permite un procesamiento mucho mejor para aproximadamente el mismo consumo de energía.

• El hardware personalizado viene en forma de tarjetas que se insertan en la ordenador de la misma manera que una tarjeta gráfica.

• Las marcas de hardware de minería de Bitcoin populares incluyen Butterfly Labs, Bitcoin Ultra, CoinTerra y más.

• Una máquina de minería de Bitcoin dedicada puede costar entre unos cientos de dólares y decenas de miles, dependiendo de la cantidad de operaciones que puede completar por segundo.

BlockChain no existe en una ubicación central y todas las transacciones fluyen a través de una red global de servidores. Es por eso que nunca ha habido un HACK en BitCoin en sí mismo - hasta ahora son los Intercambios los que han sido pirateados – y es por eso que mi consejo es que NUNCA inicies una cuenta de intercambio, y si lo haces, solo debes iniciar sesión rara vez. y nunca deje grandes cantidades de dinero almacenadas en él.

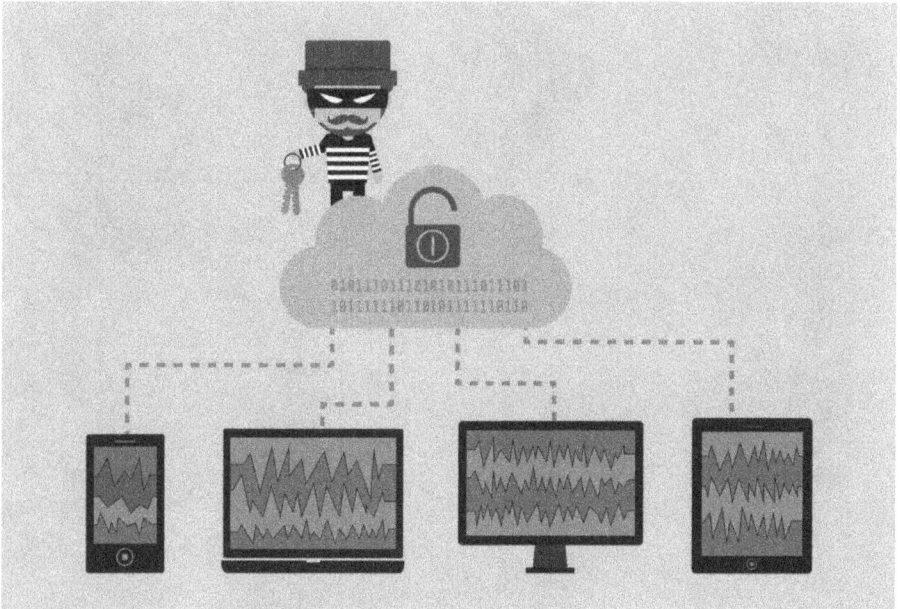

- ESTOS SON ALGUNOS CONSEJOS DE SEGURIDAD BÁSICOS:

● NUNCA USE UNA CARPETA DIGITAL EN SU TELÉFONO INTELIGENTE, SOLO UTILÍCELA EN UNA COMPUTADORA DE ESCRITORIO

● ESCRIBIR CONTRASEÑAS EN UN LIBRO

● USE SOLO UNA BILLETERA DIGITAL EN SU ORDENADOR DE SOBREMESA

● DESCONECTE EL CABLE DE ETHERNET CUANDO SU COMPUTADORA SE APAGA

● NO REALICE GRANDES TRANSACCIONES CON GRANDES CANTIDADES DE EFECTIVO USANDO WIFI: USE SIEMPRE UN CABLE ETHERNET...

«CUESTA ALREDEDOR DE $1,000 USD EN ELECTRICIDAD PARA CREAR UN BITCOIN...PERO YA QUE UN BITCOIN TIENE UN VALOR APROXIMADO DE 15 MIL DOLARES, ESTO SIGNIFICA UNA BUENA INVERSION DE TIEMPO Y DINERO»

Prueba y permanece anonim0, al igual que las personas ricas que realizan operaciones bancarias en paraísos fiscales. Permanecer en el anonimato NO es un delito; después de todo, la mayoría de las grandes megaempresas se niegan a revelar el nombre completo y la dirección del personal de atención al cliente, y la mayoría de las autoridades fiscales le dicen a su personal que nunca den sus nombres y direcciones. **¿Conoce el nombre de la persona que trabaja en Facebook que bloquea su cuenta para publicar informes PizzaGate?** No. **¿Conoce el nombre del personal de YouTube que desmonetiza las cuentas sin una buena razón?** No.

La única vez que tendrás que ceder la tarjeta de crédito y datos personales es cuando compres BitCoins. Pero si compras de un amigo en lugar de un intercambio, puedes evitar esto.

ALMACENAR BITCOIN EN UNA BILLETERA DIGITAL: Los bitcoins se almacenan en billeteras digitales cifradas para proteger tu dinero. Estas carteras pueden ser locales o en línea. Si bien los servicios en línea que alojan su billetera no podrán acceder a ella, se consideran menos seguros, ya que su dinero podría perderse potencialmente si ocurre algo catastrófico de su parte. RECUERDA: nunca confíes en una sola billetera digital: use dos billeteras y distribuya su BitCoin y monedas digitales entre las dos billeteras, manteniendo la mayor parte de las monedas en una billetera de hardware TREZOR.
COMENZANDO CON EL EXODUS WALLET: Antes de comprar cualquier BitCoin con tarjeta de crédito, necesitarás una BITCOIN dirección-address y cartera-wallet de BITCOIN para el procesador de tarjeta de crédito [como SIMPLEX] para enviar tu BitCoin una vez que hayan convertido la antigua moneda fiduciaria pasada de moda de su Tarjeta a el nuevo BitCoin.

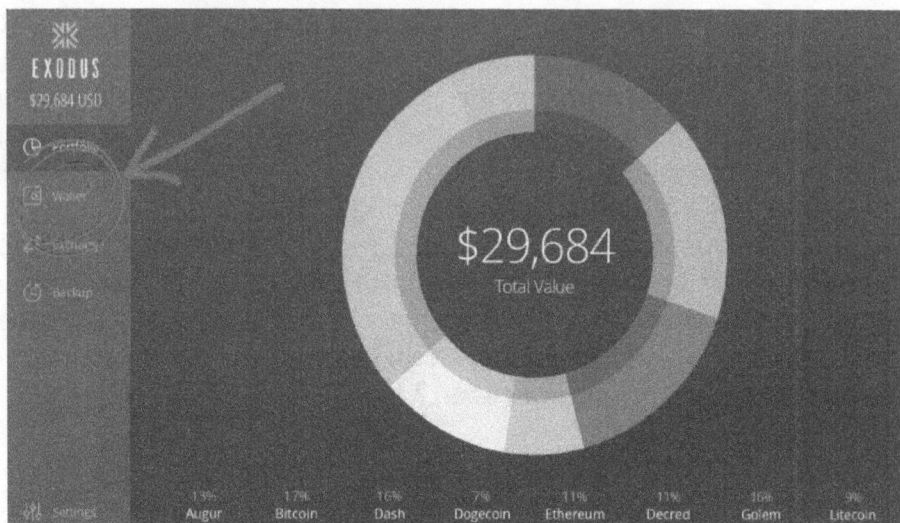

Dos buenas carteras para comenzar son:

- Billetera de Éxodo

- Jaxx wallet

Tanto Jaxx como Exodus tienen interfaces gráficas amigables que facilitan la administración de su BitCoin. Billeteras como Electrum se ven anticuadas y francamente confusas para la mayoría de las personas. La billetera digital más fácil y mejor es **EXODUS**. Para comenzar, descargue la última EXODUS WALLET de www.Exodus.io

Exodus es compatible con la mayoría de las PC, Mac y máquinas Linux. Después de cargar Exodus en su ordenador y activar la aplicación Exodus, haga clic en 'WALLET' en la barra de opciones vertical izquierda. NOTA: si solo tiene un teléfono inteligente y no tiene ordenador de escritorio ni portátil, mi consejo NO es comenzar hasta que tenga una ordenador confiable y actualizada. Para mayor seguridad, mi consejo es usar MacBooks, iMacs o Mac de Apple. ordenadores pro. Eche un vistazo de cerca a la página de Wallet en Exodus ...

Verás una lista vertical de monedas en orden alfabético: "BitCoin" se encuentra en la parte superior de la lista. Hay varias monedas digitales que tienen la palabra 'bitcoin' en su título, como 'Bitcoin Cash', así que tenga cuidado de que siempre verifique que haya seleccionado la moneda correcta. Haga clic en el botón RECEIVE.

A continuación, verá su DIRECCIÓN DE BITCOIN mostrada como un CÓDIGO QR y también como un número alfanumérico de alrededor de 30 caracteres o más. COPIE su dirección BitCoin en un documento de texto y también anótelo en su bloc de notas. Puede deslizar-seleccione el código alfanumérico BitCoin Receive y prepárese para pegar esto en el sitio web que elija para comprar BitCoin.

Ahora ve a una agencia de ventas de BitCoin. Existen diferencias entre un agente de ventas y otro; por ejemplo, cuando buscas en Google 'BitPanda' encuentras blogs que se quejan de que las personas pagaron con sus tarjetas de crédito pero no recibieron sus monedas durante mucho tiempo.

El mejor lugar y más fácil para comprar BitCoin usando una tarjeta de crédito se encuentra aquí **https://buy.bitcoin.com**

Existe un rango renovable de alrededor de 6 agentes de ventas dispuestos a transformar el dinero de su tarjeta de crédito en BitCoin. Pegas tu dirección de BitCoin desde su billetera Exodus en la ventana "Dirección de Bitcoin". Elijes la cantidad en dólares estadounidenses que desea comprar: te sugiero que compre no más de $ 200 dólares estadounidenses si es nuevo en monedas digitales. Luego siga el procedimiento para la verificación de identificación y el pago. La verificación de identificación supuestamente está ahí para evitar que las tarjetas de crédito robadas se usen para comprar BitCoin. Sin embargo, es igualmente probable que los agentes de ventas estén intentándose defender contra las demandas del gobierno de datos de clientes.

No te sorprendas si debes verificar un texto SMS y también posar frente a la cámara web con la tarjeta de crédito que utilizas para el pago.

Además, no te sorprendas si piden identificación, como un pasaporte, por ejemplo.

Haz clic en PAY y ... ¡hecho, pan comido!

El sistema confirmará que tu tarjeta de crédito ha sido debitada y los buenos agentes de ventas incluso te informarán cómo se mostrará en su estado de cuenta. Dentro de dos horas más o menos, ¡deberías recibir tu BitCoin! Se pagará directamente en tu billetera Exodus. tu billetera Exodus emitirá un sonido de monedita ring ring o algo así cuando llegue tu BitCoin. Si no llega nada durante 24 horas completas, entonces te sugiero que te comuniques primero con tu banco y verifiques si se debitó el pago. Luego contacta al agente de ventas. Debería haberle dado un número de confirmación o de referencia de transacción que obtuviste al principio.

Los cargos se cobran a través del BlockChain cada vez que realiza un depósito o envía dinero a su otra billetera o paga por un artículo utilizando su billetera digital. Algunas tarifas pueden ser bastante altas, por ejemplo, no es raro que se cobre una tarifa plana de $ 11 en todas las transferencias de BitCoin, independientemente de si estás enviando $30 o $30,000,000. Esto se debe a que las tarifas en BlockChain se calculan como fracciones de un BitCoin. Debido a que BitCoin vale más de $ 17,000 [al momento de escribir esto), la tarifa fraccional de la tarifa puede ser bastante alta.

«FACEBOOK A MENUDO TIENE COMENTARIOS QUE DICEN "TARIFAS BAJAS Y BAJAS" TRATANDO DE ALENTARLO A USAR UN AGENTE DE VENTAS O INTERCAMBIO EN PARTICULAR; BUENO, MI CONSEJO ES QUE NUNCA PAGUE DINERO A TERCEROS A MENOS QUE LOS HAYA BUSCADO EN GOOGLE E INVESTIGADO SI HA HABIDO PROBLEMAS — PUEDE HACERLO SIMPLEMENTE ESCRIBIENDO EL NOMBRE DEL AGENTE / INTERCAMBIO EN GOOGLE CON LA PALABRA AGREGADA 'PROBLEMA'.»

NOTA: Es probable que se le LIMITA la cantidad de BitCoin que puede comprar hasta que un agente de ventas lo verifique correctamente.

Si usa SIMPLEX como procesador de su tarjeta de crédito, entonces tienen un excelente servicio de atención al cliente que es: Soporte Simplex <support@simplexcc.com> Simplex tiene una excelente página de preguntas frecuentes que vale la pena leer para los compradores primerizos de BitCoin https : //www.simplex.com/faq/

¿ESTOY REVELANDO EL HECHO DE QUE SOY PROPIETARIO DE BITCOIN SI USO MI TARJETA DE CRÉDITO? Sí es así. ¿De verdad crees que los bancos y las compañías de tarjetas de crédito mantienen tus datos privados? Ellos no, claro que no! Son unos angelitos. Revelan TODO sobre su cuenta de forma inmediata si alguien de las autoridades fiscales solicita una copia de su cuenta. Eso es una violación de la ley de privacidad internacional, pero sucede todo el tiempo. Un oficial de policía o un hombre de impuestos ni siquiera tiene que dar una razón (los bancos son todos parte de esta sociedad que vulnera la privacidad) y tiene que detenerse. Si tienes la intención de comprar BitCoin de forma anónima, la respuesta más simple es comprarle a un amigo.

¿CUÁL ES LA FORMA MÁS BARATA Y PRIVADA DE COMPRAR BITCOIN? Eso es bien fácil: pregúntales a amigos y familiares que quizás ya tengan un poco de BitCoin y envíales la dirección de recepción de BitCoin de su billetera, pídeles que digan $ 50 de BitCoin y entrégueles los $ 50 en efectivo en persona. . Decida entre ustedes dos cuál es una tarifa justa por $ 1 - por ejemplo, si su amigo compró BitCoin a $ 160 por moneda y ahora es $ 16,000, entonces es bastante probable que estén dispuestos a venderte un poco de BitCoin a un precio reducido – di el equivalente a $ 14,500 para comenzar, o incluso menos.

Si no tienes familiares o vecinos con BitCoin, puedes intentar preguntarle a un amigo en Facebook. Sin embargo, tenga cuidado: Facebook está repleto de arbustos con nombres falsos y NUNCA es una buena idea revelar los detalles de la billetera en los mensajes de Facebook; utilice siempre el correo electrónico en lugar de Facebook Messenger. Hay bastantes grupos de BitCoin en Facebook, y no tengo ninguna duda de que HACKERS y también las AUTORIDADES DE IMPUESTOS GUBERNAMENTALES muy probablemente van a estar 'perfilando' y recopilando datos sobre cada miembro. Mi consejo es no revelar PUBLIC KEYS en Facebook, porque Facebook es un coto de caza tan rico para estafadores y hackers.

Recuerda: aunque las transacciones de BlockChain no tengas tu nombre y dirección, existen sitios web que le permiten investigar y ver la dirección de la billetera de envío y recepción de cada persona; por lo tanto, si todos en Facebook publican sus claves públicas en publicaciones de Facebook y comentarios, entonces un experto en impuestos que trabaje para los Bankerosos pronto podrá vincular ciertas billeteras con ciertas personas.

How to SEND BitCoin using the EXODUS wallet:

CAUTION: Only send BitCoin to BitCoin public addresses - do not send a different currency such as EOS to a BitCoin public key address - your transaction will not be successful.

EXODUS

Send to Bitcoin address:

Paste the PUBLIC KEY ADDRESS of the person you want to send your BitCoin to in this space.

Click the ALL button if you want to send ALL your BitCoin to a person, or another wallet.

All   0.00   BTC
0.00   USD

Type in the exact amount you want to send either in dollars or as a fraction of BitCoin.

Bitcoin Network Fee (0.226 KB)   0.00089208 BTC $15.90
Remaining Balance   0.09711451 BTC $1,732.55

FEES are charged for each time you send & receive - you are told upfront how much they are.

© www.BitCoinBanksters.com

CAMBIANDO MONEDAS Y GESTIONANDO CARPETAS - CÓMO MONTAR UN MERCADO: Los agentes bursátiles tradicionalmente anticuados están acostumbrados a ver los cambios en los precios de las acciones en fracciones del 1%. BitCoin es diferente. ¡Muy diferente! No es inusual ver fluctuaciones en el precio de BitCoin de $ 1,500 hacia arriba y hacia abajo, todo en el espacio de tres horas. La billetera digital Exodus tiene incorporado el sistema de intercambio digital *ShapeShift.io* en la billetera y esto permite sentarte relajado todo el día intercambiando una y otra vez BitCoin por Ethereum, Ethereum por EOS, EOS por OMG, OMG por Aragón, Aragón y BitCoin , con un poco de LiteCoin en el lateral. Si te gusta el juego, o el póker, entonces 'Jugar al mercado de BitCoin' puede volverse adictivo. Y como todas las adicciones, ¡te costará una fortuna!

◆ EOS (EOS)

$8.76 USD (0.18%)
0.00100456 BTC (-4.36%)
0.01017300 ETH (-2.49%)

⚡ Comprar/ vender al instante

🔗 Sitio web
📢 Anuncio
🔍 Explorador
🔍 Explorador 2
🌐 Conversación
💻 Código fuente
⭐ Nivel 9
🏷️ Token

Cap. de Mercado	Volumen (24h)	Acciones en circulació	Acciones totales
$5,816,176,285 USD	$296,663,000 USD	664,235,203 EOS	900,000,000 EOS
667,264 BTC	34,035 BTC		
6,757,265 ETH	344,668 ETH		

Acciones máximas

1,000,000,000 EOS

«COMPRÉ EOS A $1.98 Y LO REGALÉ COMO REGALOS DE NAVIDAD CUANDO COSTABA $4. AHORA SON $9. ¡Y TODOS MIS AMIGOS DE NAVIDAD HAN VISTO SUS REGALOS DUPLICADOS EN VALOR! ¡QUÉ OTRO REGALO DE NAVIDAD HACE ESO!
UNA VEZ QUE TENGA BITCOIN EN SU BILLETERA, PUEDE COMENZAR A ESTUDIAR LOS ALTIBAJOS DE OTRAS MONEDAS DIGITALES E INTENTAR GANAR DINERO COMPRANDO MONEDAS MÁS BARATAS Y NUEVAS AL COMIENZO DE SU VIDA ÚTIL.
INCLUSO PUEDE DEVOLVER EL FAVOR Y REGALAR O VENDER BITCOIN A SUS FAMILIARES PARA QUE COMIENCEN. PARA LA NAVIDAD DE 2017, LES DI A MIS AMIGOS EN FACEBOOK Y A MIS COLEGAS Y PERSONAL EOS COMO REGALO DE NAVIDAD. SE LOS DI A $4 DÓLARES POR CADA MONEDA E INMEDIATAMENTE SE ELEVÓ A $9 POR MONEDA,
¡CON LO QUE DOBLÉ EL VALOR DE SU REGALO DE NAVIDAD!»

Mi consejo es que los novatos solo compren BitCoin, luego intercambien el 10% de su participación en Ethereum, otro 10% en LitCoin y un 5% final en EOS, y un *"comodín con potencial"* como **GOLEM**. Esta estrategia se conoce como SIT AND HOLD SPREAD – siéntate, aguanta y disemínalo: se usa la palabra 'Spread' porque ha distribuido el riesgo entre muchas monedas digitales: si se cae, es probable que el descenso se amortigüe con un aumento en el valor de los demás. Mi trabajo de toda la vida me ocupa casi todo el día de mi tiempo para hacer programas, investigar y dar clase, por lo que no puedo sentarme e intercambiar BitCoin cada vez que lo veo que suba. Además, recuerda que cada vez que intercambies BitCoin te comerás parte de tu saldo en cargos y tarifas.

He visto a novatos demasiado entusiastas comerse en realidad alrededor del 50% de sus Bitcoin en cuotas simplemente porque no podían evitar cambiar y pasar de una moneda a otra. Mi estrategia SIT, HOLD AND SPREAD es la más segura para los recién llegados, ya que genera la menor cantidad de tarifas.

BITCOIN - EL REGALO QUE SIGUE DANDO : ATASCOS/RESCAN/ REBOOTING CARTERAS, PRIVACIDAD E INVISIBILIDAD...

Es bastante común que los intercambios de una moneda a otra realizados dentro de una billetera de intercambio digital se "atasquen", o que una cantidad que envíe entre carteras no aparezca. Las principales razones son: • Su billetera solo necesita ser "re-escaneada"

• **Tu billetera solo necesita reiniciarse**

•**Tu billetera está sufriendo porque no puede comerciar libremente y monitorear BlockChain porque estás usando Tor o alguna capa de anonimato**

Si envió, digamos, BitCoin, y no aparece, simplemente haga clic en la pestaña WALLET y haga clic en el logotipo de la ronda de BitCoin: Exodus volverá a escanear y actualizará su saldo; demora alrededor de 5 minutos. Puedes hacer esto por cada moneda.

Siempre que haya anotado su contraseña o PIN principal para ingresar su billetera, puede SALIR de forma segura y reiniciar, ya que no perderá sus fondos. Esto generalmente resuelve cualquier transacción **'atascada'**.

¿**PRIVACIDAD**? Sí, Tor parece genial si eres un Ed Snowden o un Julian Assange, pero para la persona promedio que compra y usa BitCoin puede ralentizar el rendimiento de tu billetera. **La página de preguntas frecuentes sobre la billetera Jaxx dice esto:** *si está en firewall, Tor o VPN, desactívelos y reinicie la aplicación para ver si eso soluciona el problema. Si no está utilizando ninguno de estos servicios, intente conectarse a una red diferente (red celular o WiFi privada fuerte).* Tenga en cuenta también que algunas instituciones gubernamentales no permiten el uso de tecnología / criptomoneda de cadena de bloques y esta puede ser la causa de este problema.

Pool de Minería *n.*

Pul•de•Min•e•ría *La pool de minería es un grupo formado por muchos mineros que de forma colectiva utilizan todos los recursos y minan juntos con el objetivo de generar poder de hashing combinado. Ser parte de una pool de minería incrementa las probabilidades de minar más rápido un bloque, como también la probabilidad de resolver un bloque, es directamente proporcional a los recursos de la ordenador que se esté utilizando.*

La minería de Bitcoin está creada con un menor riesgo por dichas piscinas de minería. La recompensa es dividida entre los participantes basados en su nivel de contribución. La ganancia generada por cada minero es estable pero menor, porque la comisión de transacción no se cobra y la cuota adicional es cargada por el operador del pool minero para compensar los gastos incurridos.

CAPITULO VII

¿TRAFICO Y CONGESTION? NO PROBLEM!

«SI LA GENTE COMIENZA A USAR BITCOINS EN MASA, PASARÁ A LA HISTORIA COMO EL DESTRUCTOR DEL DÓLAR»
RON PAUL, CONGRESISTA DE EE. UU

BLOCKCHAIN FACTORY

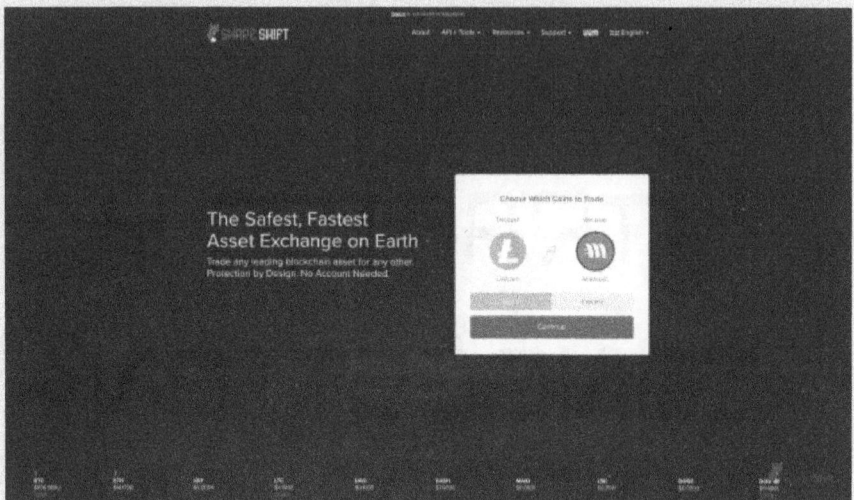

Step-by-Step: How to exchange digital assets with
ShapeShift.io

ShapeShift.io

Suscribirse 2,3 mil

169.333 visualizaciones

Añadir a   Compartir   ••• Más   👍 261 👎 31

Publicado el 12 jul. 2016
ShapeShift.io is an instant exchange for Bitcoin, Ether, and many other blockchain assets. This video
shows users how to do a basic, "quick" exchange. No account needed.

Las carteras Jaxx y Exodus están en parte potenciadas por el intercambio digital fácil de usar conocido como www.ShapeShift.io, que ha experimentado problemas de congestión considerables en diciembre de 2017. Hay un video tutorial muy bueno sobre **ShapeShift** aquí https://www.www.myspace.com/ShapeShift.   youtube.com/ watch? v = n7OdD9HTT-4   SINO controláis de inglés entonces lo mejor es meteros en nuestro canal de Criptopía en YT y ver cuantos videos tutoriales podáis.

La premisa principal de nuestro libro aquí es alertar de los titulares de BitCoin y a los jefes de intercambios digitales-exchanges- que los gobiernos odian BitCoin y están haciendo todo lo posible para evitar que la clase trabajadora se enriquezca. Si saltasteis ese capítulo, vuelvan y lean el capítulo sobre cómo Los políticos que han estado metiendo su propio dinero en paraísos fiscales en el extranjero y están en realidad planificando todas las nuevas leyes impositivas para robar tantas BitCoins como sea posible.

Además de las nuevas leyes impositivas, sospecho que puede haber piratería masiva ... Pero la piratería informática viene en muchos sentidos, y una de las formas en que Elite –Política aristocrática podría dañar BitCoin es REDUCIENDO los servicios, tales como Intercambios Digitales - causando frustración en el mercado ... Si BlockChain se ralentiza, eso es casi tan efectivo como hackearlo, y eso, querido lector, es exactamente lo que sucedió en diciembre de 2017 ... **'Congestión'** significa que las transferencias se ralentizan, porque están apiladas en el BlockChain a la espera de que se procesen. CONGESTION es el asesino del BITCOIN.

La congestión también significa que si compraste una moneda digital a, por ejemplo, $ 100, y comienza a caer drásticamente en valor a $ 10, no puedes realizar una 'transferencia de emergencia' para 'resguardar' tu dinero en un mercado de Moneda digital que sube - ESO es con lo que la CONGESTION nos amenaza a todos.

¡Es hora de que los mineros de BlockChain y los jefes de los intercambios digitales despierten!

El problema de congestión de diciembre de 2017 afectó al monedero de Exodus y a todos los monederos que intercambian fichas de grupo ERC20 basadas en Ethereum. La congestión también significaba que las personas no pudieron intercambiar BitCoin por LiteCoin rápidamente antes de que LiteCoin comenzara a aumentar su valor. La congestión significa que no puede intercambiar, digamos EOS, por BitCoin porque la billetera Exodus tiene un mensaje de 'temporalmente no disponible' bajo EOS y otros tokens accionados por ERC20 / Ethereum. Para superar parcialmente esta "congestión", siempre debe tener una segunda billetera de respaldo, y la que recomiendo es JAXX. Tanto Exodus como JAXX funcionan en una ordenador de escritorio. Incluso cuando hay 'congestión' en el ERC20 / Ethereum BlockChain, aún puede usar JAXX y Exodus para enviar y recibir EOS y otras monedas digitales basadas en Ethereum desde y hacia sus propias billeteras y carteras de amigos. La congestión afecta el intercambio, o TRANSFORMACIÓN, de una moneda digital a otra.

Durante el problema de congestión de diciembre de 2017, Jaxx advertía de manera útil y sensible a los usuarios de la billetera Jaxx que el envío / recepción de EOS y otras monedas basadas en Ethereum podría causar retrasos importantes, pero todavía permitía intercambios que se llevarán a cabo, mientras tanto, dentro de Exodus, la mayoría de las monedas digitales afectadas *"no estaban disponibles"* en la página de Exchange.

Nunca confíe solo en una billetera digital; necesita una copia de seguridad. Debe distribuir sus existencias en al menos dos billeteras en caso de que se produzca un mal funcionamiento. La billetera JAXX es dolorosamente minimalista y carece de la "visión de cartera grande" que ofrece Exodus. Sin embargo, a pesar de que Jaxx y Exodus tienen deficiencias, siguen siendo, con diferencia, los billeteros digitales más fáciles de usar del universo. Mi consejo es usar Exodus como tu billetera principal y usar Jaxx como tu billetera de respaldo. La billetera Jaxx tiene una pequeña ventana minimalista y tienes que desplazarte horizontalmente por las monedas de una en una para ver cuánto tienes en cada moneda. Hay una lista de artículos 'How To' bien escritos sobre Jaxx Wallet aquí:

https://decentral.zendesk.com/hc/en-us / categories / 202644577-Jaxx-Knowledge -Base

Tanto la billetera Jaxx como la billetera Exodus usan el "sistema mnemónico", que es una colección de 12 palabras únicas que componen una contraseña maestra.

Si los banquerosos atacasen con bombas nucleares la sede central de Jaxx o Exodus, puedes restaurar y recuperar tus fondos resucitando tu contraseña de 12 palabras en una billetera nueva. Hay una página de instrucciones bien escrita en la base de conocimientos de Jaxx que le dice cómo hacer esto: https://decentral.zendesk.com/hc/en-us/articles/218374517-Why-is-it-important-to-secure-my-Backup-Phrase-immediately-after-creating-a new-Jaxx-wallet-

Si empezaste a usar una billetera [como ELECTRUM] y ahora ya no le gusta el aspecto, la funcionalidad o la sensación que tiene, hay un proceso de desgaste de nervios para cambiar a una nueva billetera. Si cambia a una nueva billetera, por supuesto necesitará transferir fondos de su billetera anterior a su nueva billetera. Si no tiene prisa y no le importa pagar la tarifa, puede simplemente enviarla desde su billetera anterior a la nueva billetera a través de la red de Bitcoin. Si tiene prisa, algunas carteras le permiten exportar sus claves privadas o la clave de clave privada, y luego importarlas en la nueva billetera. Esto no requiere ninguna transacción en la red de Bitcoin. Con la nueva billetera, puede comenzar inmediatamente a realizar transacciones, pero este proceso requiere una mente fría y clara, un café y un enlace a Internet ininterrumpido.

AUTENTICACIÓN Y CONTRASEÑAS: Los piratas informáticos siempre están buscando "perfilar" a una persona como un objetivo potencial, por lo que podrían dirigirse a usted si su sitio web acepta pagos de BitCoin y tu has publicado sus claves públicas en Internet. Hay muchos sitios web que le permiten "mirar dentro" una billetera digital y ver cuánto se almacena allí. Nunca use las contraseñas sugeridas proporcionadas por los navegadores. Elija sus propias contraseñas. Incluya un símbolo, números, letras mayúsculas y minúsculas en todas las contraseñas. Escriba las contraseñas de inicio de sesión en un libro; no use notas post-it, respaldos de sobres y no use hojas de papel [porque se dejan llevar por el viento]. No se puede confiar en nadie aparte de tu pequeño ser viejo cuando se trata de dinero. No le dé a sus amantes, maridos ni esposas su frase de contraseña de 12 palabras a menos que esté muy enfermo, a punto de morir o desee tener acceso de emergencia a sus fondos para que puedan moverlos y retirarlos mediante un intercambio digital.

SEGURIDAD TELEFÓNICA: comunícate con tu proveedor de red de telefonía móvil y asegúrese de tener su correo electrónico y número de teléfono de atención al cliente. Pregúnteles si bloquearán su número de móvil y rechazarán todas las solicitudes para cerrar o mover su número de móvil a otra cuenta, propietario o dispositivo . Casi todos los hack de cuentas personales en intercambios digitales se han realizado con el cumplimiento ciego de los operadores de telefonía móvil. Debe asegurarse de que no haya forma de que un extraño pueda solicitar que su SIM se desactive o transfiera a otra cuenta u otra dirección.

REGLAS DE ORO:

-Nunca uses servicios como Google Authenticator.

-Nunca mantengas grandes cantidades de BitCoin en un teléfono móvil.

-No uses un número de teléfono móvil como un elemento de autenticación, a menos que esta sea la única opción disponible para usted.

-Evita en todo momento escribir las contraseñas en los navegadores.

-Evita en todo momento escribir sus contraseñas en Skype.

-Si deseas recibir pagos en BitCoin, crea una billetera digital solo para recibir pagos de los visitantes de su sitio web y muévalos de inmediato a una billetera de hardware como TREZOR fabricada por SatoshiLabs.

-Nunca uses Yahoo Mail para la autenticación / transmisión de ninguna contraseña.

-Ni para discutir inversiones, ideas de negocios o cualquier potencial empresa comercial.

-Nunca uses Google Mail para la autenticación / transmisión de ninguna contraseña. Ni para discutir inversiones, ideas de negocios o cualquier potencial empresa comercial.

-Nunca uses la misma contraseña en ninguna cuenta de Google con otros servicios. Nunca use la contraseña para el inicio de sesión de su correo electrónico en ningún otro servicio.

-Nunca confíes en usar su CUENTA de FACEBOOK como un autenticador de inicio de sesión: siempre ignore esa molesta opción de "Iniciar sesión con Facebook".

-Puedes ignorar este conjunto de reglas de oro si confía en que cada empleado de los cientos de miles empleados por mega-corporaciones son más blancos que los ángeles blancos.

-Recuerda que la "congestión" en realidad puede ser un HACK disfrazado y camuflado.

SEGURIDAD DEL CORREO ELECTRÓNICO: Ahora abordaré el espinoso problema de administrar la seguridad de su correo electrónico. Nunca te registres con un proveedor de correo electrónico del tamaño de un monstruo. Estas mega corporaciones no saben quién diablos eres y no tienen recursos de atención al cliente bajo sus propios techos. Busque en su propia región o pueblo una empresa de ISP de tamaño mediano que ofrezca servicios de correo electrónico seguros. Si el ISP tiene una puerta pública abierta, ¡llame y diga hola! CONOZCA EL PROVEEDOR DE CORREO ELECTRÓNICO QUE UTILIZA. Asegúrate de que CONOCEN TU VOZ. Sí. Lo leíste bien. Idealmente, establezca contacto por voz con el equipo de soporte de su proveedor de correo electrónico para que tengan una relación con usted y conozcan su voz. Elija un proveedor de correo electrónico en línea de tamaño mediano que tenga soporte las 24 horas, incluidos los fines de semana.

CoinBase *n.*

Co•in•ba•se {en español base de moneda} *Coinbase es un intercambio de divisas digital con sede en San Francisco, California. Intercambian intercambios de Bitcoin (☐), Bitcoin Cash, Ethereum (Ξ), Litecoin (Ł) y otros activos digitales con monedas fiduciarias en 32 países, [9] y transacciones de bitcoin y almacenamiento en 190 países en todo el mundo. Coinbase fue fundada en julio de 2011 por Brian Armstrong y Fred Ehrsam. Se inscribió en el programa de incubadora de inicio de Y Combinator de verano de 2012. En octubre de 2012, la compañía lanzó los servicios para comprar y vender bitcoin a través de transferencias bancarias.*

CAPITULO VIII
ESTRATEGIAS DE INVERSION

<<HE INVERTIDO EN BITCOIN PORQUE CREO EN SU POTENCIAL, EN LA CAPACIDAD QUE TIENE PARA TRANSFORMAR LOS PAGOS GLOBALES>>

RICHARD BRANSON, FUNDADOR DE VIRGIN

Los banquerosos y los políticuchos de tres al cuarto y sus mequetrefes no quieren que PIENSES. El TERROR sobre el que tienen pesadillas es un miembro del público que en realidad se está despertando y está diseñando una ESTRATEGIA o un nuevo CONCEPTO DE NEGOCIOS que interrumpirá su antigua estafa.

Como miembro del público que tiene una cuenta bancaria, TU ESTÁS "perfilado" como un completo idiota que no entiende el mundo de las "finanzas". ¡Oh si! ¡Créetelo y rápido! Si confía el 100% de tus ahorros a UN banco en UNA cuenta, después bájate los pantalones en el banco y pídeles un préstamo… ¡ya verás! efectivamente serás como un perro faldero dando volteretas y enseñando tu barriga a los bankerosos. ¿Qué harán ellos? Van a desplumarte recomendando cuentas falsas de ISA y cuentas de PENSION PLUS que son todas estafas que hacen que los banquerosos y sus mequetrefes sean RICOS y nos mantengan POBRES. Lo último que quiere la élite aristocrática-política es un público en general que tenga una ESTRATEGIA FINANCIERA. Y reconozcámoslo: ¡BitCoin requiere que todos los propietarios de todas las monedas digitales estén DESPIERTOS y pensando en sus pies!

He aquí hay algunas estrategias:

ESTRATEGIA DE INVERSIÓN UNO - SENTARSE Y MANTENERSE: Este es el método más fácil: lo que haces es comprar un poco de BitCoin con tarjeta de crédito que luego se deposita en su billetera digital que usted almacena en su ordenador de escritorio. Luego te sientas y esperas a que BitCoin aumente de valor. 'retiras dinero' comprando un artículo en una tienda o sitio web en línea donde aceptan BitCoin. Hecho.

ESTRATEGIA DE INVERSIÓN DOS - 50/50: Divides 50-50% y sales 50% en BitCoin. El otro 50% se distribuye en otras monedas digitales populares. Las buenas próximas monedas digitales son; - EOS - ETHEREUM - LITECOIN Esta segunda estrategia requiere que controle y observe cuidadosamente los altibajos de los valores de estas monedas pequeñas y vendas en un alto y compres en una recesión.

ESTRATEGIA DE INVERSIÓN TRES BITCOIN PRESTADOR [ALTO RIESGO] PARA GANAR INTERÉS: pagas BitCoin a una Plataforma de Préstamo, que tiene un récord comercial de pagar alrededor de 1% de interés POR DÍA de la cantidad que le presta: después de 120 días recuperará su capital. Esto es bastante de riesgo y peligroso si te topas con un sistema piramidal o de esquema Ponzi.. el cual pueden cerrar y no pagar a nadie como hizo bitconnect o control finance a principios de diciembre que quebraron. Mira si llevan al menos 2 o 3 años en el trading y mira los comentarios y criticas…

Las plataformas de préstamos deben usarse como un 'paracaídas' cuando BitCoin entra en caída libre. Las plataformas de préstamos garantizan una cantidad mínima de interés diario, de modo que HAGA QUE FUNCIONEN POR SU DINERO en un mercado en baja.

Asegúrate de que no caigan por falta de liquidez, te recomiendo que también compres y mantengas algunas de sus monedas, ya que esto ayudará a su "clasificación de capitalización" en sitios web como www.CoinMarketCap.com, que clasifica y clasifica. rastrea el rendimiento de las monedas digitales.

ESTRATEGIA DE INVERSIÓN CUATRO: EL SISTEMA MATRIX: Aquí es donde mantienes un tercio en Bitcoin, un tercio en fichas más pequeñas, como Ethereum, y luego presta un tercio de su capital a una plataforma de préstamos licita y confiable. La Matrix requiere que controle, compras y vendas los tokens más pequeños, mientras 'maneja' BitCoin y solo espera y ora junto a su cama que la plataforma de préstamos que elija no se rompa antes de que pasen los 120 días y tienen que darle le devolvemos su dinero!

ESTRATEGIA DE INVERSIÓN CINCO - CONTRATOS DE FUTUROS: Un contrato de futuros es una forma elegante de describir una apuesta en la que BitCoin subirá o bajará de valor. Estos mercados de futuros son una gran parte de la escena del mercado de valores del establecimiento, que brinda placer de juego a aristócratas y nuevos CEO de todo el mundo. Si no fuiste a Eton, y no eres miembro del MCC Cricket Club, nunca has sido invitado a comer sándwiches de pepino en el Buckingham Palace, nunca has estado en Royal Ascot, nunca has estado en el campus caníbal de Bohemian Grove. no eres miembro de los Amigos Conservadores de Israel ni del Club Groucho, ni es un miembro pagado de un Club de caballeros de Pall Mall, entonces es probable que un agente de comercio de futuros lo desplume.

EN MARTIN SCORSESE FILM
THE WOLF
OF WALL STREET

Los futuros NO son BitCoin. Si a decir verdad, más personas son estafadas que la cantidad de acuñación de Mercados de Valores y Mercados de Futuros. Eche un vistazo a la película **THE WOLF OF WALL STREET** para conocer cómo son los Stock Brokers. Los mercados bursátiles argumentan que ofrecen el servicio inestimable de lanzar, o "flotar", nuevas empresas como Facebook y obtener de esas empresas importantes cantidades de capital de inversión. Bueno, eso ya no es verdad. Muchas personas lanzaron su propia moneda token de BitCoin en 2017 y algunos recaudaron $ 10 millones para financiar sus nuevas empresas sin tener que pagarle al NASDAQ ni a ningún corredor de bolsa un solo centavo. El mercado de futuros intentará convencer a los inversores tradicionales de que paguen a sus corredores bursátiles por estos ridículos toques de apuestas futuras de BitCoin que comenzar a comprar y operar BitCoin en casa usando una ordenador portátil, que es lo que hará cualquier persona sensata.

BitCoin y todas las otras monedas digitales han escrito el FINAL DEL BLOQUEO DE LAS BOLSAS y muchos de ellos se están enfrentando una caída o crack global y tendrán que devolver las llaves de sus llamativamente pintados Lamborghinis bastante pronto. La industria de las acciones siempre ha estado dominada por Lloyds of London y los comerciantes **baks** en Square Mile, hasta ahora todos han difundido mentira de que **"BitCoin es una burbuja"**.

que es hipocresía total porque son estos "*pilares tradicionales de la sociedad*" quienes abandonaron el CASO DE RESCATE dejando a las familias de la clase trabajadora lidiando con su antigua estafa hipotecaria - esa estafa hipotecaria fue ideada y administrada por los principales bancos del mundo "que engañan a los inversores en sus oficinas con paneles de roble para que renuncien a sus pensiones e inviertan en estafas hipotecarias fraudulentas de subprogramas inmobiliarios. Esta es la estafa de propiedad exacta que inspiró la invención de BitCoin en primer lugar.

ESTRATEGIA DE INVERSIÓN SEIS - PINK SHEETING BITCOIN: Esto es divertido. Colocas $ 100 en diez monedas digitales nuevas justo al comienzo de su vida útil. Cuando se lanza una moneda, o token, a menudo se puede comprar a un precio bajo, por ejemplo, menos de 40 centavos. El truco está en vender en el pico, generalmente al final de la tarde del primer día de negociación, es muy probable que puedas ganar 10% en un día con estas pequeñas monedas y tokens iniciales de 'hoja rosa'. Sin embargo, debes ser muy rápido, y necesitarás tener una cuenta con un Intercambio Digital porque estos tokens más nuevos no se pueden rastrear dentro de Exodus ni Jaxx, ¿por qué? ¡Son bastante nuevos!

PINK SHEETS es tradicionalmente donde Wall Street Journal y Financial Times enumeran compañías que tienen un valor de acción muy pequeño, generalmente menos de 20 centavos. Mira THE WOLF OF WALL STREET para saber más acerca de Pink Sheets. Puedes encontrar una lista de las próximas monedas digitales nuevas que se enumeran en: https://coinclarity.com/ico/ Muchas de estas nuevas empresas emergentes de 'Hoja rosa' no son estrictamente 'monedas', son fichas. Son unidades de valor basadas en la nueva idea de negocio de una nueva empresa. La mayoría de estas Ofertas de Monedas Iniciales giran en torno a un LIBRO BLANCO que es un Plan de Negocios raído. Francamente, la mayoría de estos planes de negocios del Libro Blanco están bastante mal pensados y la gran mayoría de estas monedas y fichas con "crowdfunding" caen en valor después del primer día de operaciones.

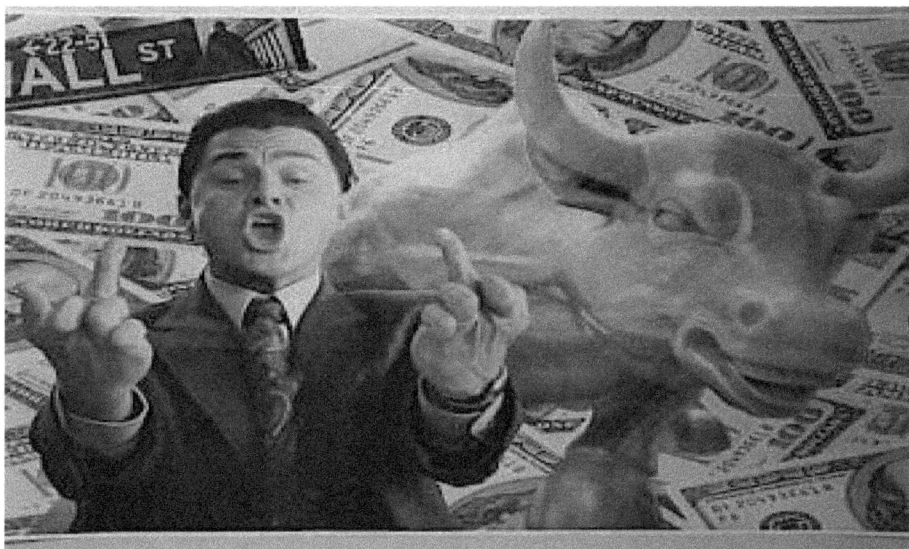

«PINK SHEETS EN ESPAÑOL PARA INVERSORES PINK SHEETS ES EL INFORME DIARIO DE PROPUESTAS DE INTERDEALERS PARA ACCIONES NO LISTADAS EN LAS BOLSAS OFICIALES ESTADOUNIDENSES O NEGOCIADAS EN EL NASDAQ. ESTE TEMA ESTÁ CREADO PARA LOS QUE LES GUSTEN LOS VALORES ALTAMENTE ESPECULATIVOS DEL MERCADO OTCBB Y LAS HOJAS ROSAS (PINK SHEETS). HAY QUE TENER CLARO QUE ESTOS MERCADOS NORMALMENTE, EL BROKER COBRA UNA MAYOR COMISIÓN POR COMPRA O VENTA, Y QUE LAS ACCIONES, EN MUCHOS CASOS, SUELEN SER MUY POCO LIQUIDAS. LA IDEA, ES INVERTIR CANTIDADES PEQUEÑAS QUE VAN DESDE 500€ HASTA NO MÁS DE 2000€.
PARA QUE OS HAGAIS UNA IDEA, UN ACCIÓN LLAMADA SKTO (SK3 GROUP) PASÓ EN MENOS DE 6 MESES DE VALER €0.0006 A VALER €0.07. ESTO SUPONE UN 10.000% APROXIMADAMENTE »

Pink Sheeting requiere cantidades ávidas y copiosas de investigación, por lo que nunca se involucre en la inversión a menos que haya investigado su sitio web. Mi consejo es elegir solo aquellas empresas nuevas que hayan logrado hacer un video promocional impresionante e informativo y que hayan organizado con éxito un evento de conferencia transmitido en vivo para informar a los inversores sobre su plan de negocios / Libro Blanco. Si se trata de una nueva moneda propuesta, entonces pregunta si es explotable. Esto requeriría una input de alguien casi supergenio y profético y un trabajo más completo y arduo en el desarrollo de la nueva moneda.

Blockchain ICO

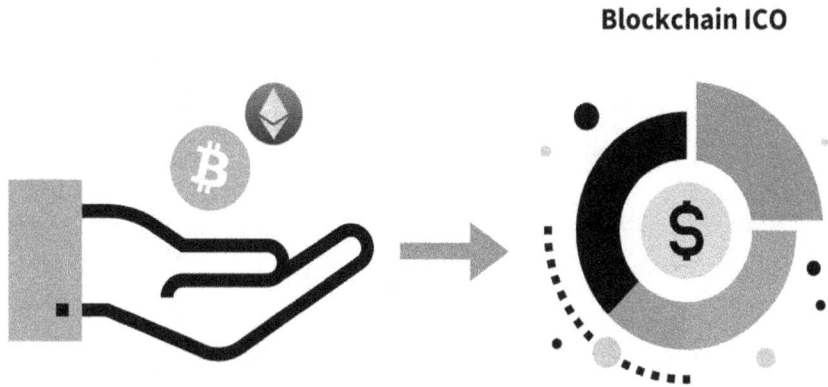

6 CUALIDADES de UNA ICO:

¿Es la ICO de nueva creación en un paraíso fiscal? como Suiza?

¿Es una moneda extraíble?

¿Es el nombre de la moneda / puesta en marcha 'pegadizo'?

¿Qué intercambios digitales han acordado para lanzar / enumerar esta nueva puesta en marcha?

¿Devolverá uno de los directores su efectivo si hay un problema con su Plan de negocios o 'Mapa de ruta' de despliegue?

¿Alguno de los miembros del equipo ICO es contactable y tienen una buena trayectoria en hacer una fortuna en Monedas digitales o negocios?

Si puede responder SÍ a 5 de estas 6 preguntas, entonces podrías estar dando en el clavo y correr con caballo ganador y tu apuesta de $ 100 estará a salvo.

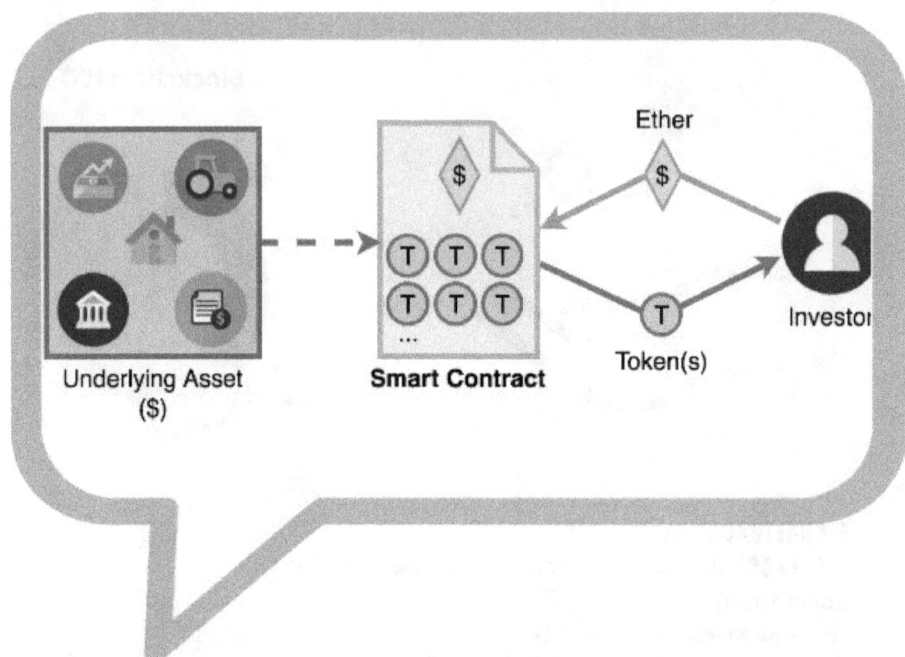

Ether

Investor

Underlying Asset ($)

Smart Contract

Token(s)

Token *n.*

Tou•Ken• *Criptomonedas y tokens no son el mismo criptoactivo. En muchos medios de comunicación se utilizan de forma indistinta las palabras "token" y "criptomoneda", debido a que las criptomonedas no dejan de ser una modalidad de token. En principio, la palabra "token" en inglés define a objetos similares a las monedas que dan derecho a disfrutar de una cantidad determinada de bienes o servicios, creados por el distribuidor de dichos bienes o servicios. Por poner un ejemplo cercano, las fichas que en la feria se intercambian por subir en una atracción o por adquirir ciertos bienes dentro de la misma. Los primeros tokens creados en el mundo de las criptomonedas fueron los "colored coins", bitcoins a los que se les introducía un código específico que los "inutilizaba" con la finalidad de que representaran a un activo del mundo real, de forma que ese activo pudiera ser transmitido dentro de la blockchain, y también que dicho activo pudiese transmitirse a varios intervinientes*

CAPITULO IX

ELEGIR UNA MONEDA

«EL DESARROLLO INTELECTUAL MÁS INTERESANTE DE INTERNET EN LOS ÚLTIMOS 5 AÑOS. BITCOIN ES MÁS QUE SOLO UNA MONEDA ON LINE»
JULIAN ASSANGE, FUNDADOR DE WIKILEAKS

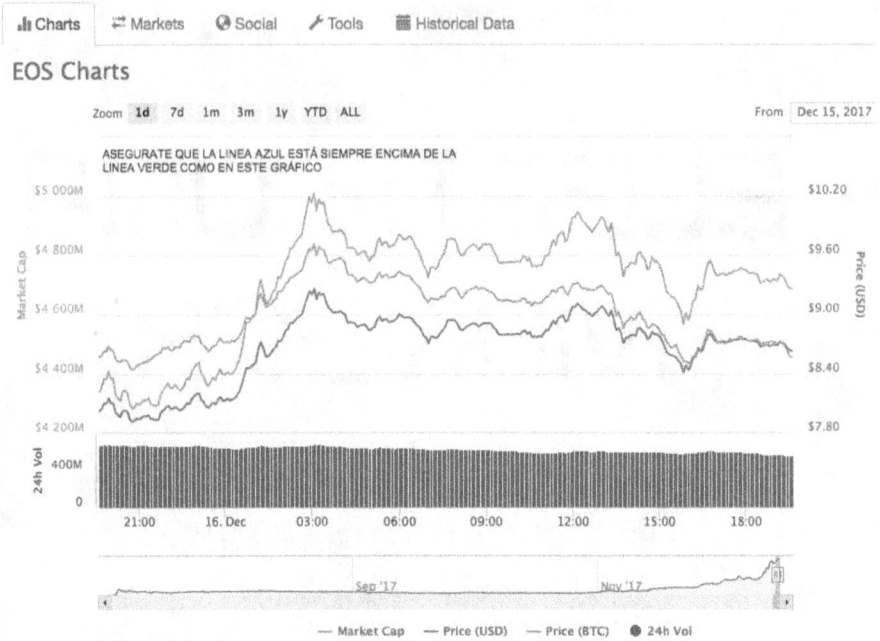

Así de simple. Vaya a CoinMarketCap.com y haga clic en cualquiera de las monedas digitales. La LÍNEA AZUL es la cantidad de dinero invertida en esa moneda en particular; esto se llama Capitalización.

Si la línea azul está por encima de la línea verde PRICE, entonces hay un "flotante" de capitalización en esa moneda que probablemente le proporcione un período seguro de 24 horas en el que es probable que aumente el valor total de la moneda. Tenga en cuenta que digo 24 horas. Las monedas y los tokens más nuevos que se introducen en BlockChain son notablemente volátiles, ¡y usted debe esperar ganancias y pérdidas de 50% o más TODOS LOS DÍAS! Si la línea azul del Market Cap está doblada hacia abajo y debajo de la línea verde del precio, entonces aléjese. ZOOM IN: un amigo de BitCoin ... Usa la función ZOOM en los gráficos en CoinMarketCap.com para mirar el día 7, un gráfico de un día y un mes: verá que a veces la línea azul más importante cambia de posición en relación con la Línea de precio verde.

Siempre acerca y vuelves a verificar. Lo que me gusta es ver la línea azul de capitalización de mercado muy, muy por encima de la actual línea de precios verde, que para mí es VERDE LUZ para seguir adelante y comprar esa moneda, o para mantener esa moneda si ya tengo alguna. El diagrama de arriba muestra una vista ampliada de UN DÍA en la vida de EOS. Puede ver que la línea azul muestra que se está invirtiendo una gran cantidad de dinero en EOS todo el día, y esta 'demanda' e 'interés' es lo que le da a una moneda digital su valor intrínseco. Cuando la línea azul se está cayendo POR DEBAJO DE LA LÍNEA DE PRECIOS VERDE que es una señal segura de que el mercado ha perdido interés con esa moneda en particular. Asegúrese de acercarse siempre a la vista de UN DÍA o UNA SEMANA, ya que estos gráficos a veces pueden representar mal la verdadera relación entre el valor actual y la capitalización de mercado.

NO SEAS VAGO CON FICHAS Y MONEDAS MÁS NUEVAS: En cualquier caso, siempre prepárese para guardar un token más pequeño por solo 24 horas y prepárese y esté preparado para cambiarlo / venderlo antes de que la podredumbre se instale. Por el contrario, BitCoin es el Gran Golpe e inversión y debes COMPRAR Y MANTENER BitCoin. El único momento en que deberías vender BitCoin es cuando quieras invertir en un token o moneda más nueva que esté al inicio de su ciclo de crecimiento. Los tokens y monedas más nuevos requieren un monitoreo diario y debe tener una cabeza clara siempre monitoreando toda la línea azul de capitalización de mercado importante. Si tienes muchos de los tokens más nuevos en tu cartera, deberías estar TRABAJANDO EN EL MERCADO CADA HORA, porque las fluctuaciones deben resolverse.

Debes estar dispuesto a "comprometerse" más que a jugar un juego de ordenador y aprender a estudiar los flujos y reflujos de los valores de BitCoin, Ethereum y todas las monedas digitales más nuevas. Al estudiar el mercado en el desayuno y luego pasar tiempo estudiando durante una hora antes de irse a la cama, después de unas dos semanas obtendrá una "sensación" de estas nuevas monedas.

RAMPA DE MERCADO : De hecho, tu mismo puede aumentar el valor de una moneda digital simplemente compartiendo el sitio web de la divisa o compartiendo su video promocional en Facebook y YouTube. Se sorprenderá de lo efectivo que es "familiarizar" y "ratificar" la imagen de una moneda entre el público. 'Ramping' es solo la forma en que un corredor de bolsa le llama a el 'promocionar' o la promoción de algo.

ETEREORO Y CONGESTIÓN CON TOKENS-FICHAS- Y MONEDAS A BASE DE ÉTER: Ethereum es el nuevo niño bonito de la vecindad, diseñado con una elegante innovación de 'contratos inteligentes'. Si BitCoin es VHS, entonces Ethereum es BetaMax [es mejor pero menos popular y salió al mercado un poco más tarde]. **Vitalik Buterin** es el creador de Ethereum. Primero descubrió las tecnologías de blockchain y criptomonedas a través de Bitcoin en 2011, y se entusiasmó de inmediato con la tecnología y su potencial. Co-fundó Bitcoin Magazine en septiembre de 2011, y después de dos años y medio estudiando lo que la tecnología y las aplicaciones existentes de blockchain tenían para ofrecer, escribió el libro blanco Ethereum en noviembre de 2013. Ahora dirige el equipo de investigación de Ethereum, trabajando en versiones futuras del protocolo Ethereum.

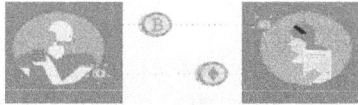

Ethereum es el paso inicial al futuro de la computación, es una computación distribuida, es decir, los programas no corren en un solo computador sino en una red de computadores. Haz de cuenta que es una super computadora mundial, ahora bien, los programas que corren en esa computadora se llaman "**contratos inteligentes**", son contratos porque son perpetuos, inmodificables y cualquiera los puede auditar. Las posibilidades de Ethereum son infinitas, ahora, imagina contratos para saber quien es el dueño de una propiedad y ese contrato está en los cientos de miles de computadores de Ethereum replicados, como es auditable es el equivalente a tener cientos de miles de notarios.

El secreto aquí es que para que los contratos corran necesitan algo que se llama GAS (así como una moto necesita gasolina para andar), ese GAS se gasta cada que se consulta o ejecuta el contrato. El asunto aquí es que para tener GAS debes comprarlo con un token digital que se llama **Ether**, y el **Ether** funciona como una moneda con conversión en dólares, euros, yenes, etc. Entre mas gente cree contratos inteligentes, más demanda existirá por Ether y de ahí el incremento de su valor.

Los precios de Ethereum se estancaron durante 3 semanas en noviembre / diciembre de 2017, probablemente causados por CONGESTION en Ether BlockChain, que dañaron su credibilidad, pero Ethereum hizo una gran recuperación al rebotar al final de la segunda semana de diciembre de 2017 y aumentó el valor de todas las Ethereum 'familia' monedas y tokens con él. Si no hay más problemas de congestión, es posible que Ethereum se vincule con BitCoin a finales de 2018, lo que significa que el precio por moneda y el número de transacciones de Ethereum coincidirán el volumen de comercio en BitCoin. Sin embargo, algunos mensajes preocupantes en Facebook de mineros de Ethereum parecen sugerir que el Ether BlockChain se está volviendo cada vez más grande como un monstruo del Dr. Frankenstein que se come los discos duros de los mineros mientras extraen monedas de Ethereum.

Un comentario en Facebook dice:

"El tamaño de mi carpeta AppData / Ethereum / geth / chaindata es de 137 GB en el disco a partir de hoy y sigue creciendo"

Ethereum tiene una comunidad minera muy enérgica y evangelista, además tiene un embajador en la forma de Vitalik Buterin. BitCoin no tiene un 'embajador' visible porque el inventor de BlockChain decidió esconderse, una jugada inteligente teniendo en cuenta las feroces e ilegítimas regulaciones e impuestos que los Bankerosos tienen reservados para cualquiera que piense en BitCoin. ¡solo quién lo posee y lo usa para pagar al personal y como una cartera de inversiones! La moneda de Ethereum también tiene su propia FUNDACIÓN, espero que lo hayan registrado en un TAX HAVEN, porque las FUNDACIONES son el secreto mejor guardado del mundo de Bankerosos: cada evasión de impuestos en el planeta tiene una FUNDACIÓN bajo la manga ... Esto es lo que dice la propaganda oficial de la Fundación Ethereum.

La estructura del ethereum blockchain es muy similar a la de Bitcoin, ya que es un registro compartido de todo el historial de transacciones. Cada nodo en la red almacena una copia de este historial. La gran diferencia con ethereum es que sus nodos almacenan el estado más reciente de cada contrato inteligente, además de todas las transacciones de éter. La misión de la Fundación Ethereum es promover y apoyar la plataforma Ethereum y la investigación, el desarrollo y la educación de la capa base para llevar protocolos y herramientas descentralizados al mundo que faculten a los desarrolladores para producir aplicaciones descentralizadas de próxima generación (dapps). Tal vez la mayor atracción de Ethereum es que han simplificado y han hecho que sea muy fácil diseñar tu propia Moneda Digital, sí, has leído bien, y cada mes se lanzan cientos de estas monedas basadas en Ethereum. A continuación está la página de información.

https://www.ethereum.org/token

Dice: los tokens en el ecosistema ethereum pueden representar cualquier bien intercambiable fungible: monedas, puntos de fidelidad, certificados de oro, pagarés en artículos del juego, etc. Dado que todos los tokens implementan algunas características básicas de una manera estándar, esto también significa que su token ser instantáneamente compatible con la billetera ethereum y cualquier otro cliente o contrato que use los mismos estándares.

¿QUÉ SON LOS TOKENS ERC20? Esto es lo que Investopedia tiene que decir sobre los tokens o fichas ERC20: Ethereum, el popular sistema de criptomoneda y blockchain, se basa en el uso de tokens que pueden comprarse, venderse o comercializarse. Hay varios tokens diferentes que se pueden usar junto con Ethereum, y estos difieren del éter, que es la moneda nativa de la cadena de bloques de Ethereum. Los tokens, en este caso, representan activos digitales que pueden tener una variedad de valores adjuntos. Pueden representar activos tan diversos como cupones, pagarés o incluso objetos en el mundo real. De esta forma, los tokens son contratos esencialmente inteligentes que hacen uso de la cadena de bloques de Ethereum. Uno de los estándares simbólicos más importantes de Ethereum se llama ERC-20, que se desarrolló hace aproximadamente un año y medio. Algunas de mis monedas digitales favoritas que han ganado miles de dólares para los inversores son los tokens ERC20. Son fichas que son como los 'hijos' de Ethereum, y normalmente, si sube el precio del éter, todos los tokens ERC20 también aumentan de valor. La mayoría de los tokens principales en el blockchain de Ethereum cumplen con ERC20. De todos los diferentes tipos de tokens disponibles en Ethereum, el ERC-20 ha adquirido una importancia especial entre los desarrolladores.

¿CUAL ES EL TALÓN DE AQUILES DE ETHEREUM Y DE QUE VA EL NET NEUTRALITY? Bueno, tengo que decir que CONGESTION es el mayor problema, seguido por el hecho de que la mayoría de los desarrolladores de BlockChain son bastante despreocupados y hasta ahora, hasta la publicación de este libro, no tenían idea de que había una GUERRA EN BITCOIN que ya había comenzado y ahora está muy lejos en el camino hacia el campo de batalla, una de las armas más grandes del **Bankeroso** en la manipulación de Internet en términos de "NEUTRALIDAD DE LA WEB", de hecho, cuando las leyes de neutralidad de red se aprobaron en el invierno de 2017, fue cuando Ethereum y su familia de tokens y monedas que cumplen con ERC20 comenzó a congestionarse. **¿HAY UN ENLACE?** Estoy en ello e investigando e informaré en un nuevo documental sobre en LAVDV.COM donde transmitimos documentales en profundidad sobre temas que rutinariamente serían eliminados de Facebook y YouTube.

A partir de noviembre de 2017, el sistema Ethereum BlockChain comenzó a congestionarse: estas monedas y tokens basados en Ether están en un grupo llamado ERC20 y tienen un Exchange en línea elegante y famoso llamado SHAPESHIFT.io que le permite intercambiar un token / moneda basado en ETHER para otro [ver capítulos previos]. El sistema funcionaba perfectamente hasta diciembre de 2017 cuando se congestionó y la gente descubrió que estaba "atascado" con tokens ERC20 y monedas que no podían intercambiar, a pesar de que el valor de mercado estaba disminuyendo en algunos de estos nuevos tokens.

Estas 'congestiones' se reducen a
A /. Diseño de software perezoso
o B /. Nodos de Internet lentos donde se encuentran los principales hosts de blockchain
o C /. es un ataque de hackeo disfrazado a "cámara lenta" que incluso los propietarios de tokens / moneda ERC20 y los técnicos que son competentes en la cadena de bloques no pueden ver fácilmente, o creen que ni siquiera está sucediendo.

Cualquiera que sea el caso, la congestión en el sistema relacionado con ERC20 basó básicamente en la intercambiabilidad de tokens muy populares como EOS durante diciembre de 2017. Escribí varios correos electrónicos a los jefes de la popular WALLET EXODUS y fueron directos al caso: el Éxodo La gente de soporte de .io respondió a mis correos electrónicos en 2 minutos y obtuve un mejor servicio al cliente de Exodus que cualquier otra compañía en la que pudiera pensar, sin embargo, Exodus no pudo hacer nada con respecto a la congestión. La congestión basada en ETHER de diciembre de 2017 afectó también a JAXX WALLET.

Claramente, todos los inversores tradicionales y todas las personas a las que se les negó una cuenta bancaria pronto negociarán y usarán BitCoin, Ether, EOS y todas las demás monedas, especialmente en China, donde una de las monedas Hun hizo ganancias de 4000% de la noche a la mañana. significa que la tecnología blockchain y la velocidad de conexión deben mejorarse, a medida que más personas digitalizan su efectivo. La congestión y la ralentización han perdido millones de dólares en oportunidades para los fanáticos de BitCoin durante diciembre de 2017 y debe haber una campaña proactiva para garantizar que ShapeShift nunca más se vea afectado.

Mining o Minería *n.*

Mi•ning *La minería de bitcoins significa que el usuario no tiene que gastar dinero o moneda en inversion y puede obtener fracciones o bitcoins o criptomonedas. Se necesita un equipo de computación bastante básico, un ordenador, una aplicación y un GPU básico; y es el proceso mediante el que se generan los bloques de la cadena de bloques, blockchains lo que constituye la manera de procesar y verificar las transacciones. Agregar un bloque a la cadena de bloques es difícil, requiriéndose tiempo y potencia de procesamiento del ordenador para conseguirlo. Entonces, ¿qué incentivo tendría alguien para realizar el esfuerzo de generar un bloque? La respuesta es que la persona que gestiona la producción de un bloque consigue una recompensa. Dicha recompensa es doble: Por una parte, el productor consigue una gratificación de un número determinado de bitcoins, acordado por la red. Por otra parte, cualquier comisión que pudiera estar presente en las transacciones que se incluyan en el bloque, podrá ser reclamada por el productor de dicho bloque.*

CAPITULO X
MINAR BITCOIN DE CERO

«ESTARÁ EN TODAS PARTES Y EL MUNDO TENDRÁ QUE CAMBIAR. LOS GOBIERNOS MUNDIALES TENDRÁN QUE CAMBIAR»
JOHN MCAFEE, FUNDADOR DE MCAFEE ANTIVIRUS

Si tiene un ordenador poderoso, puede agregar tarjetas de procesamiento de GPU e instalar una de las aplicaciones de minería gratuitas que efectivamente convierten su ordenador en una súper máquina de gran capacidad para resolver ecuaciones.

Esta es una OPORTUNIDAD DE ORO, y muchas personas han dejado sus trabajos para convertirse en mineros de BitCoin. Pero sus responsabilidades no son solo levantar los pies e ignorar los constantes zumbidos de su ordenador. No, también tiene la enorme responsabilidad de mantener adecuadamente el sistema Blockchain que registra y potencia cada transacción en todo el planeta. Los mineros no solo están minando BitCoin y Ethereum sino que también están desempeñando su papel para asegurarse de que Blockchain se esté ejecutando. Esto significa que la funcionalidad del Blockchain se extiende a millones de ordenadores, cada una manteniendo y procesando transacciones.

Es por eso que las monedas digitales se llaman 'descentralizadas', porque es la comunidad global de miles de ordenadores que extraen BitCoin que llevan la carga de Blockchain. BitCoin está totalmente descentralizado: no hay un "jefe" de BitCoin ni un equipo de personal como el que se encuentra en un banco. Por lo tanto, es responsabilidad de los mineros de BitCoin mantener fielmente la autenticación global de Blockchain y el sistema de comercio de divisas. Cada minero recibe una comisión (generalmente de $ 2 a $ 19) para la supervisión de las transacciones que se procesan.

¿De dónde vienen los bitcoins? Con el papel moneda, un gobierno decide cuándo imprimir y distribuir dinero. Ellos penalizan a las personas de la clase trabajadora que han escondido dinero en sus fundas de almohadas cambiando furtivamente el diseño de estas notas de papel y así todo su dinero ganado con tanto esfuerzo se vuelve insolvente e inutilizable. Los bancos también DECIMILIZAN naciones enteras: esto sucedió en el año 2000 con la introducción del EURO.

Miles de granjeros en Francia tuvieron que devolver sus ahorros de francos y fueron arrestados por el la hacienda publica gabacha, si no hubieran entregado sus sacos de francos, entonces esos francos habrían perdido su valor con la introducción del EURO. Bien, los honestos entregaron el botín y luego fueron a la cárcel; los deshonestos guardaron sus sacos de francos y vieron cómo todos sus ahorros se convertían en piojos de la madera. Bitcoin no tiene un banquero central a cargo. No. BitCoin no está controlado por George Soros. No está controlado, todavía, por los aristocráticos Banquerosos del Palacio de Buckingham. Con Bitcoin, los mineros usan un software especial para resolver problemas matemáticos y reciben un cierto número de bitcoins a cambio. Usted ve - no es un caso de haber nacido de una familia hebrea aristocrática, o haber nacido con una cuchara de plata en la boca y tener un lugar garantizado en Cambridge u Oxford. No. Los mineros de BitCoin necesitan CEREBRO, paciencia y ordenadores rápidos.

Los nuevos bitcoins son generados por un proceso competitivo y descentralizado llamado "*minería*". Este proceso recompensa a gente ingeniosa e inteligente, independientemente de si tenían $ 45,000 para ir a la universidad. Los mineros de Bitcoin procesan transacciones y aseguran la red usando hardware especializado y están recolectando nuevas bitcoins a cambio.

ANTPOOL   Home   Statistics   Coinbase ▾   Hashnest   Help ▾   👤 ▾   EN

Antpool now provides three ways to increase
your Bitcoin revenue by 3% to 8%

The fee of PPS payment method is reduced to -5%
the earning will be stable at 105%
PPS+ payment method is available
leading to increased earnings of 3% - 6%
PPLNS+ payment method is available
leading to increased earnings of 5% - 8%

Ese hardware 'especializado' en realidad se basa en poderosas tarjetas GPU que se conectan a la placa base de su computadora. Las tarjetas GPU necesitan refrigeración, y esos ventiladores de refrigeración requieren electricidad. Por lo tanto, si puede obtener acceso a ELECTRICIDAD GRATUITA, ¡puede obtener BITCOINS GRATIS! En este momento, hay Aldeas Solares en lugares volcánicos y muy soleados en toda Europa como en España y Asia. Estas propiedades renovadas han sido abandonadas por muchas razones, la más común de las cuales es que no había electricidad ni internet, pero los paneles solares nuevos lo pueden resolver, y la constante luz diurna también proporciona energía más que suficiente para mis plataformas mineras que producen monedas digitales. Las monedas minadas financian la reparación no solo de edificios ruinosos, ¡sino que han renovado un pueblo entero ya! ¿Es esto una idea genial? Creo que sí.

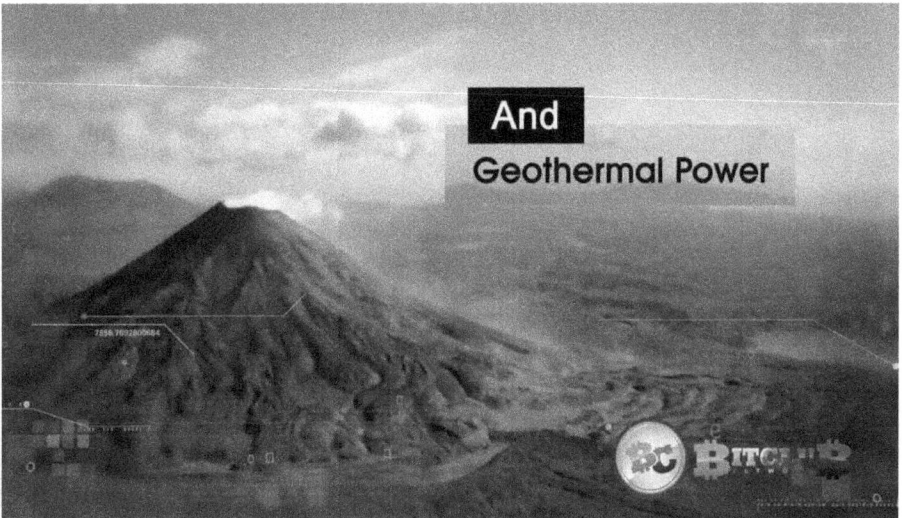

Hay un montón de casas libres, algunas de las cuales tienen 500 años de antigüedad, y cómo las estamos restaurando a su gloria anterior utilizando el poder del Sol y BitCoin. Los medios de comunicación nunca mencionaron las formas ecológicamente brillantes en que los mineros de BitCoin están creando electricidad, por ejemplo, los mineros de Génesis están creando electricidad a partir del calor de un volcán en Islandia. Sin embargo, los Banksters se apresuran a publicar NOTICIAS FALSAS-fake news- en el Daily Torygraph en diciembre de 2017 que decía: "La minería del bitcoin es 'matar al planeta'. [escrito por Patrick Sawer, reportero sénior. 16 de diciembre de 2017]

Existente solo en el ámbito digital pero que en la actualidad vale una fortuna, es la moneda virtual que se ha generalizado en las últimas semanas. ¡Sin embargo, ha surgido que la producción de bitcoins usa tanta energía que amenaza al planeta entero! "Amenaza a todo el planeta ¿eh? Y qué decir de los REACTORES NUCLEARES construidos por el gobierno chino para minar BitCoin, sin mencionarlos, el artículo ataca injustamente a los genios de la clase trabajadora en las habitaciones libres que ganan alrededor de $ 10,000 por año extrayendo Ethereum.

En términos de ganancias mineras, es bastante factible que se creen alrededor de 0,8 BitCoins por año en una poderosa computadora doméstica. ¡ESO ES MUCHO DINERO para una persona de clase trabajadora que tiene una PC de juegos en un armario extra! Esto significa que hay muchos mineros que ya han hecho hash a través del carbón digital. Cuando se hayan extraído los 21,000,000 BitCoins, no habrá más ecuaciones para 'cortar' o procesar, y los mineros cambiarán su atención a Ethereum u otra de las otras cientos de monedas minables.

¿Podemos rastrear BITCOIN robado? El Blockchain no da ningún nombre ni ninguna dirección postal para ninguna transacción que fluya a través de él. Hay un registro de historial de cada transacción y desde allí se puede encontrar la "clave pública" de una persona para cualquier moneda digital que haya utilizado. Claramente, siguiendo el atraco de $ 64 millones de diciembre de 2017 en NiceHash, parece obvio que el Blockchain necesita algún tipo de 'acelerador' que podría fácilmente detener, digamos, más de $ 1 millón de dólares en transacciones de BitCoin desde / hacia una clave pública en 48 horas.

Esto, por supuesto, puede ser eludido por hackers que crearían cientos de billeteras, sin embargo, pone un obstáculo adicional en su camino y en este momento es una mejor solución que cualquier otra cosa que haya escuchado. La simple lección que debe aprender aquí es que nunca debe revelar su billetera ni su identidad en ningún sitio web de un tercero. El hecho claro y simple es que realmente solo hay una forma segura de extraer BitCoin y eso es hacerlo todo solo en casa. Necesitarás una tonelada de electricidad. Puede costar alrededor de $800 en facturas de electricidad para extraer un BitCoin, pero ver que los BitCoins valen miles de dólares no es un gran problema.

¿QUÉ PASA CON LOS CONTRATISTAS MINEROS? Hay varios contratistas grandes que tienen miles de máquinas mineras y tu les pagas una suma global y, a cambio, asignan parte de su poder de hash a su cuenta y eventualmente se les paga al final del plazo del contrato, ese término es normalmente uno o dos años y ha demostrado ser una mala inversión en general porque las monedas digitales han aumentado en valor y los $800 o más que cuesta establecer un contrato de minería podrían haber reportado beneficios simplemente usándolo, pero ¡BitCoin y sosteniéndolo!

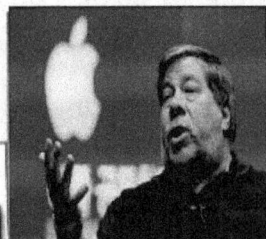

BITCOIN ES LA MONEDA DEL FUTURO

"Las criptomonedas hacen posible un cambio de organización de la sociedad. La sociedad está ante una disyuntiva. Ya no es sólo pasarse a las criptomonedas o no, sino como utilizarlas. El anarco-capitalismo económico opta por que nadie controle el dinero, lo cual conduce a la ley de la jungla. Otra posibilidad es que todos tengamos el control del dinero, lo cual conduce a una sociedad tal y como nosotros decidamos que sea. Para verlo más claro en el plano político, diremos que el sistema actual es una dictadura, que la opción nadie-control es una anarquía y que la opción todos-control es una democracia..."

APPENDIX 1
DETECTAR UNA ESTAFA BITCOIN
Los pasos para detectar que hay una estafa Bitcoin u otra criptomoneda son os siguientes:

Si te has encontrado con un sitio web o servicio de Bitcoin o de criptos o altcoins y no estás seguro de si se trata de una estafa, timo o no, puedes utilizar la prueba siguiente y seguir los pasos para tener una idea bastante buena al respecto. Algunas de las preguntas son más fáciles de responder que otras, algunas requieren diferentes herramientas. En cualquier caso, tiene enlaces a las diversas herramientas necesarias abajo. Si sospechas que no quieres responder una pregunta específica, solo piensa en "omitir esta pregunta".

Estos pasos no son 100% precisos, pero probablemente sean las mejores herramientas que tengas a tu disposición y que yo utilizo hoy para detectar una estafa de Bitcoin.

!Buena suerte!

+1. ¿El sitio web promete un rendimiento excepcionalmente alto? (Por ejemplo, más del 20% de beneficio anual)
Sí
No
Omita esta pregunta
Timo [Sí]
No Timo [Omita esta pregunta, No]
+2. ¿Es este un servicio para ganar dinero con la minería web de Bitcoin o la minería en la nube?
Sí
No
Omita esta pregunta
Timo [Sí]
No Timo [Omita esta pregunta, No]

+3. ¿Tiene el sitio web una página "Acerca de nosotros"? Si es así, ¿muestra personas reales que dirigen la empresa / dirección registrada o alguien identificable?

Sí

No

Omita esta pregunta

Timo [Omita esta pregunta, No]

No Timo [Sí]

+4. ¿El sitio web está bajo registro privado? Use la herramienta de abajo

Sí

No

Omita esta pregunta

Timo [Sí]

No Timo [Omita esta pregunta, No]

+5. ¿El sitio web tiene más de 6 meses? Usa la herramienta abajo para averiguarlo.

Sí

No

Omita esta pregunta

Timo [Omita esta pregunta, No]

No Timo [Sí]

+6. ¿Este sitio web tiene un rango de Alexa de 200,000 o menos? Usa la herramienta

Sí

No

Omita esta pregunta

Timo [Sí]

No Timo [Omita esta pregunta, No]

+7. ¿El sitio tiene una autoridad de dominio de más de 20? Usa la herramienta para averiguarlo.

Sí

No

Omita esta pregunta

Timo [Omita esta pregunta, No]

No Timo [Sí]

+8. ¿Hay otros sitios legítimos que enlazan con este sitio web? Usa la herramienta para averiguarlo.

Sí

No

Omita esta pregunta

Timo [Omita esta pregunta, No]

No Timo [Sí]

+9. ¿Hay muchas críticas negativas de Google sobre su servicio? Use el enlace en la barra para buscar en Google.

Sí

No

Omita esta pregunta

Timo [Sí]

No Timo [Omita esta pregunta, No]

+10. Si encontró comentarios positivos del producto, ¿están señalando el servicio con un enlace de referencia?

Sí

No

Omita esta pregunta

Timo [Omita esta pregunta, No]

No Timo [Sí]

+11. ¿Hay alguna crítica negativa de este servicio en Bitcointalk? Use el enlace para buscar en el foro.
Sí
No
Omita esta pregunta
Timo [Sí]
No Timo [Omita esta pregunta, No]

+12. ¿Hay críticas negativas para este servicio en Reddit.com/bitcoin? Use el enlace para buscar el subreddit.
Sí
No
Omita esta pregunta
Timo [Sí]
No Timo [Omita esta pregunta, No]

+13. ¿Este sitio web parece demasiado bueno para ser verdad?
Sí
No
Omita esta pregunta
Timo [Sí]
No Timo [Omita esta pregunta,No]

+14. ¿Aparte de tener esa web de bitcoin o alt coins tienen otras webs de otros negocios?¿Cual fue su feedback negativo y en sus publicaciones en Amazon, Google o facebook? O, simplemente no se le conoce publicación tampoco ni critica...
Sí
No
Omita esta pregunta
Timo [Sí]
No Timo [Omita esta pregunta, No]

En general si un 51% de estas preguntas se contestan como timo o estafa, es que probablemente sea una estafa o timo. Si os queda alguna duda, no dudéis en contactarme en la página de contacto y me pondré a trabajar en ellos.

HERRAMIENTAS

Pregunta # 4 - Registro público o privado
Pregunta # 5 - Comprobador de edad del dominio
Pregunta # 6 - rango de Alexa
Pregunta # 7 - Verificador de autoridad de dominio
Pregunta # 8 - enlaces que apuntan al sitio web
Pregunta # 9 - Comprobar si Google lo tiene como business
Pregunta # 11 - Búsqueda de Bitcoin
Pregunta # 12 - Buscar críticas de Reddit

MINAR BITCOIN ... ¿ES POSIBLE HOY EN DÍA?

+¿Qué es la minería de Bitcoin?
+¿Significa que puedo generar Bitcoin gratis desde mi dispositivo? +¿Sigue siendo rentable minar Bitcoin en estos días?
responderemos A estas preguntas y MUCHO más en unos segundos.

+Bitcoin se creó como una alternativa descentralizada al sistema bancario. Esto significa que el sistema puede operar y transferir fondos de una cuenta a la otra sin ninguna autoridad central.

+Con una autoridad central, transferir dinero es fácil: simplemente le dices al banco que quieres sacar $50 de la cuenta y depositarla a la cuenta de otra persona.
+En este caso, el banco tiene todo el poder, ya que el banco es el único que puede actualizar el libro de cuentas que contiene los saldos de todos en el sistema.

+Pero, ¿cómo se crea un sistema que tiene un libro de cuentas ledger descentralizado?
+¿Cómo le da a alguien la capacidad de actualizar el libro de cuentas ledger sin darles tanto poder como para que se corrompan o sean incompetentes en su trabajo?
+Bueno, las reglas del sistema de Bitcoin, conocido como el protocolo lo resuelve de una manera muy creativa.

+Me gusta llamarlo "¿Quién quiere ser un banquero?" como el juego televisivo de quien quiere ser un millonario, pues lo mismo.

+En resumen, cualquiera que quiera participar en la actualización del libro de transacciones de Bitcoin, conocido como el blockchain, puede hacerlo.

+ Todo lo que necesitas hacer es acertar un número aleatorio que resuelva una ecuación generada por el sistema. parece simple, ¿no?
+Por supuesto, todo esto lo hace tu ordenador o iphone.
+Cuanto más potente es tu ordenador o dispositivo, más operaciones puedes realizar por segundo, aumentando tus posibilidades de ganar en este juego.

MANIPULACIÓN DEL BITCOIN ... ¿ES POSIBLE?
Esto es un concepto nuevo, porque este video contiene conceptos avanzados que hemos visto en programas anteriores de nuestro curso de 66 bitcoins para suscriptores. Para que un minero entre de verdad en su bloque de transacciones en la cadena de bloques del próximo libro de cuentas deber dar una respuesta o una prueba a un desafío específico. Esta prueba es difícil de producir pero se valida fácilmente.

Esto se conoce como prueba de trabajo en inglés PROOF OF WORK o POW. Por ejemplo adivinar una combinación en candado es una prueba para un desafío que es muy difícil producir esto ya que tendrías que adivinar muchas combinaciones diferentes, pero una vez producido es difícil de validar. Y eso siempre que quieras ser minero tendrás que hacer esta prueba y este concepto de prueba de trabajo tiene algunas desventajas.

Es un sistema de validación de transacciones de una red mediante la resolución de operaciones matemáticas a través de equipos informáticos muy especializados;

por ejemplo, en este caso adivinar una combinación de un candado es una prueba para este desafío o es muy difícil producir esto como he dicho ya que tendrá s que adivinar muchas combinaciones diferentes pero una vez reproducido es difícil de validar simplemente es la combinación y ves si se abre el candado dijo en utiliza el concepto de prueba de trabajo para asegurarse de que la red no es manipulable fácilmente haciendo que la minería el proceso de insertar bloques en el blockchain requiera una gran potencia de cálculo.

Yo he dicho que hay una gran desventaja porque en primer lugar se desperdicia una gran cantidad de energía computacional informática y electricidad solo por generar estas suposiciones al azar. En segundo lugar, si la prueba de trabajo continúa podemos encontrarnos con esta situación que conocemos en este mundillo del bitcoin cripto monedas como la tragedia de los comunes... me explico en el futuro una vez que no se den más recompensas mineras, los mineros ganarán nicamente comisiones por cada transacción n y dado que al incluir transacciones es bastante barato para los mineros aceptar cualquier tarifa o comisión que a la larga hará que las personas paguen menos comisiones o tarifas, y los mineros ganen menos dinero con el tiempo - los mineros minarán bitcoins para que la dificultad de la red disminuya y la red bitcoin pueda ser más susceptible a algo llamado 51% de ataques.

Este término de 51% de ataques es muy importante y esto puede pasar si incluso otra la cripto moneda se hace tan popular como bitcoin esto puede pasar en todas las criptas monedas no s lo en bit comen pero una alternativa a la prueba de trabajo es el concepto de prueba de participación o PROOF OF STAKE en inglés se llama POS, en español se puede traducir por prueba de participación y es un sistema de validación de las transacciones de una red basada en una serie de master nodos o nodos maestros que almacenan cripto monedas en una wallet o en una cartera o un monedero por lo tanto es difícilmente que bitcoin u otras cripto monedas que tengan esta sustancia y estructura de bitcoin sean manipulables desde el exterior por tanto en lugar de exigir una prueba para un desafío...

La prueba de sistema de participación requiere demostrar de dónde procede o de quién es ese dinero o la propiedad de una cierta cantidad de dinero de bitcoins o de cualquier moneda digital, es decir cuanto más bitcoins poseas más poder de minería tienes también. Además esto elimina la necesidad de costosas plataformas de minería ya que los cálculos son bastante simples para demostrar que posees cierto porcentaje de la cantidad total de bitcoins disponible...

¿ES EL BITCOIN ANÓNIMO?... ¿ES POSIBLE?
Una de las principales características que la gente suele asociar a Bitcoin es el anonimato, pero …

¿Bitcoin es completamente anónimo?

Por un lado, es completamente anónimo. Por otro lado, es completamente transparente y rastreable ya que todas las transacciones se registran en un libro digital público. Bitcoin es como un seudónimo. Enviar y recibir bitcoins es como escribir bajo un seudónimo.

En Bitcoin,tu seudónimo es la dirección en la que recibes el Bitcoin u otra clase de criptomoneda. Si tu dirección está de alguna manera vinculada a tu identidad, entonces quedas expuesto. Dado que todas las transacciones en la red de Bitcoin o cualquier otra moneda que se registran en una cadena Blockchain, las personas ahora podrán saber la cantidad de Bitcoins o ETHEREUM o eos o moneros que tienes en esa dirección, y las direcciones que te enviaron dinero y que recibiste dinero.

Si, por ejemplo, estás pidiendo donaciones para tu sitio de web con una dirección específica de Bitcoin o etéreo o cualquier cripto, esa dirección ya no es anónima. O sea que, ¿qué puedes hacer para permanecer completamente anónimo?

Una de las características principales que la gente suele asociar a bitcoin es el anonimato pero ¿es bitcoins completamente anónimo? Bueno por un lado es completamente anónimo por otro es completamente transparente, ya que todas las transacciones se registran en el ledger o el libro digital público como se ha hablado hasta ahora bitcoin o cualquier cierto manera es como si usas es un seudónimo. si por ejemplo estás pidiendo donaciones para tu sitio de web con una dirección específica de bitcoin o eterio o cualquier cripto esa dirección n ya no es anónima ya la es revelado o sea que puedes hacer para permanecer completamente anónimo primero es mejor utilizar una nueva dirección n de bitcoin cripto moneda para cada transacción que realices este es un buen comienzo aunque esto no garantizar el completo anonimato esto se debe al hecho de que se utilizan múltiples entradas para una transacción y una de estas entradas proviene de una dirección comprometida a todas tus direcciones de entrada quedarán expuestas y reveladas.

Para mejorar el anonimato debes usar múltiples billeteras como por ejemplo jaxx trezor o de papel. Por ejemplo y esto se puede hacer a través de herramientas como multi bit que permiten por ejemplo administrar varias billeteras del mismo cliente al mismo tiempo el crear una nueva dirección para tus entradas también n puede mejorar el anonimato ya que se creara una nueva dirección una vez que se devuelva el cambio de los pagos que has enviado esta característica es compatible con el cliente bitcoin core por ejemplo si el coin es suministrado por el block chain punto info y si no mira los actualizaciones que tenemos en 66 bitcoins puntocom mezcla tu bitcoin con monedas y otros usuarios para que sea más difícil analizar el historial de las monedas;

todos menos convencionales incluyen el ocultarla de tu iphone ordenador computadora y utilizar servicios de mezcla que cambian tus bitcoins por otros con un historial diferente.

Precio histórico de Bitcoin y eventos creados

Gráfico de historial del precio de Bitcoin

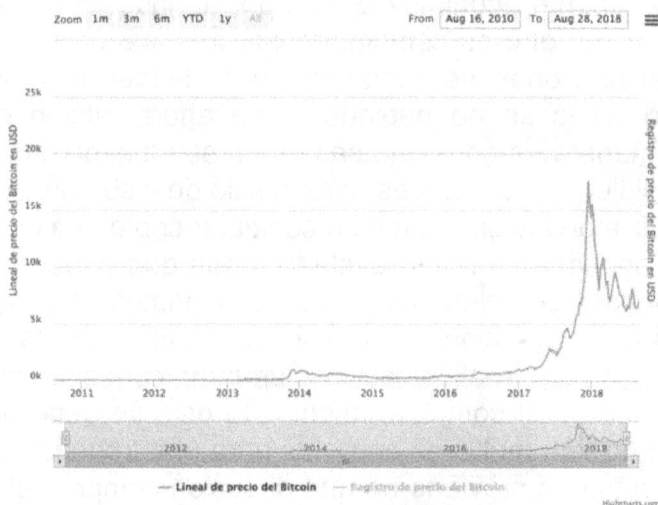

La gráfica arriba muestra el precio de Bitcoin en cualquier período de tiempo. Los números en el gráfico representan eventos históricos que aparentemente afectaron el precio de Bitcoin en ese momento. La lista de eventos se detalla a continuación.

+ Se establece el Bloque Génesis - 3 de enero de 2009
+ Se produce el primer intercambio de Bitcoin a Fiat - 12 de octubre de 2009
+ Dos pizzas son el primer artículo comprado con Bitcoin - 22 de mayo de 2010
+ Bitcoin Publicado en Slashdot - 11 de julio de 2010
+ Mt. Gox abre - 18 de julio de 2010
Valor de Bitcoin: $ 0.07
+ El precio de Bitcoin alcanza $ 1.00 USD - 9 de febrero de 2011
Valor de Bitcoin: $ 0.96
+ Gawker publica artículo sobre The Silk Road - 1 de junio de 2011
Valor de Bitcoin: $ 9.21
+ Mt. Gox Hackeado - 19 de junio de 2011
Valor de Bitcoin: $ 17.77
+ Ahorros y confianza de Bitcoins detiene los pagos - 17 de agosto de 2012
Valor de Bitcoin: $ 13.31
+ Bitcoin 0.8 causa breve fork - 11 de marzo de 2013
Valor de Bitcoin: $ 47.41
+ Fianza de Chipre - 25 de marzo de 2013
Valor de Bitcoin: $ 74.02
+ El aumento del volumen de operaciones rompe el Mt. Gox - 10 de abril de 2013
Valor de Bitcoin: $ 181.66
+ Dread Pirate Roberts arrestado - 1 de octubre de 2013
Valor de Bitcoin: $ 133.03
+ Senado de los EE. UU. Celebra audiencia sobre Bitcoin - 18 de noviembre de 2013
Valor de Bitcoin: $ 685.75
+ Bitcoin del Banco Popular de China OK - 20 de noviembre de 2013
Valor de Bitcoin: $ 641.23

+ Gobierno chino prohíbe a las instituciones financieras usar Bitcoin - 5 de diciembre de 2013
Valor de Bitcoin: $ 1022.37
+ Cuentas bancarias de los intercambios chinos cerradas - 10 de abril de 2014
Valor de Bitcoin: $ 408.25
+ Grupo Minero GHash.io alcanza el 51% - 13 de junio de 2014
Valor de Bitcoin: $ 598
+ Subsidiaria de Paypal Braintree aceptará Bitcoin - 8 de septiembre de 2014
Valor de Bitcoin: $ 473.02
+ Bitcoin aparece en la portada de The Economist - 31 de octubre de 2015 Valor de Bitcoin: $ 323.35
+ Craig Wright afirma ser el creador de Bitcoin - 2 de mayo de 2016
Valor de Bitcoin: $ 447.64
+ Donald Trump elegido como presidente, el mercado baja - 9 de noviembre de 2016
Valor de Bitcoin: $ 726.36
+ El precio de Bitcoin rompe $ 1000 por primera vez en 3 años - Los mercados de la presidencia estable de Trump suben un 31% 3 de enero de 2017
Valor de Bitcoin: $ 1020.47
+ Japón declara bitcoin legal - 1 de abril de 2017
Valor de Bitcoin: $ 1085.03
+ Bitcoin se "divide" en Bitcoin (BTC) y Bitcoin Cash (BCH) - 1 de agosto de 2017
Valor de Bitcoin: $ 2787.85
+ China prohíbe a las empresas recaudar dinero a través de ICOs - 3 de septiembre de 2017
Valor de Bitcoin: $ 4668.5
+ Jamie Dimon, jefe de JP Morgan llama fraude a Bitcoin - 12 de septiembre de 2017
Valor de Bitcoin: $ 4166.59

+ El precio de Bitcoin alcanza $ 5,000 por primera vez - 13 de octubre de 2017
Valor de Bitcoin: $ 5128.05
+ CME anuncia lanzar futuros de Bitcoin - 31 de octubre de 2017
Valor de Bitcoin: $ 6121.79
+ El precio de Bitcoin alcanza $ 10,000 por primera vez - 28 de noviembre de 2017
Valor de Bitcoin: $ 9666.23
+ El precio de Bitcoin alcanzó un máximo histórico justo por debajo de $20,000 - 18 de diciembre de 2017
Valor de Bitcoin: $ 19498.63
+ Corea del Sur amenaza con cerrar los intercambios de criptomonedas - 28 de diciembre de 2017
Valor de Bitcoin: $ 16064.44
+ Informe dice que el inversor de Facebook Peter Thiel está comprando cantidades masivas - 2 de enero de 2018
Valor de Bitcoin: $ 13672.76
+ 80% del suministro total de Bitcoin ha sido extraído - 13 de enero de 2018
Valor de Bitcoin: $ 13830.7
+ Regulador de EE. UU. La SEC dice que los intercambios de cifrado deben registrarse en la agencia: 7 de marzo de 2018
Valor de Bitcoin: $ 11091.64
+ El Departamento de Justicia de los EE. UU. Inicia una investigación criminal sobre la manipulación de los precios de Bitcoin - 24 de mayo de 2018
Valor de Bitcoin: $ 7818.21
+ U.S. regulador exige datos de negociación de intercambios de Bitcoin en sonda de manipulación - 11 de junio de 2018 Valor de Bitcoin: $ 7158.95+ Bitcoin baja a 2.000$ - 11 de Noviembre de 2018 Valor de Bitcoin: $ 2.158.95
+ Bitcoin baja a 2.000$ - 11 de Noviembre de 2018 Valor de Bitcoin: $ 2.158.95

+ Bitcoin sube a casi 8.000$ - 13 de Mayo de 2019 Valor de Bitcoin: $ 7.700.95

Lista de empresas que acepta Bitcoins como forma de pago
Muchas empresas aceptan bitcoins, muchas no. Aquí hay una lista de los nombres más grandes (y más pequeños) que aceptan bitcoins como moneda.
+KFC Canada
+Overstock.com Una empresa que vende grandes entradas a precios más bajos debido al exceso de stock de Playboy Subway
+Eat Fresh
+Microsoft Los usuarios pueden comprar contenido con Bitcoin en Xbox y la tienda de Windows
+Reddit Se puede comprar características premium allí con bitcoins
+Virgin Galactic Compañía de Richard Branson que incluye Virgin Mobile y Virgin Airline
+OkCupid Sitio de citas en línea
+ Namecheap Registro de nombre de dominio
+CheapAir.com Sitio de reserva de viajes para billetes de avión, alquiler de coches , hoteles
+Expedia.com agencia de reservas de viajes online
+Gyft Compre tarjetas de regalo con Bitcoin
+Newegg.com minorista de productos electrónicos en línea ahora utiliza bitpay para aceptar bitcoin como pago
+Wikipedia La enciclopedia libre con 4 570 000 + artículo
+Alza - El mayor minorista en línea checo
+The Internet Archive - empresa de documentación web Bitcoin.
+Travel - un sitio de viajes que ofrece alojamiento, apartamentos, atractivos salones, bares y salones de belleza de todo el mundo
+Pembury Tavern Un pub en Londres, Inglaterra
+Fitzroy Old Un pub en Sydney, Australia
+The Pink Cow Un restaurante en Tokio, Japón
+Zynga Mobile Gaming

+4Chan.org Para servicios premium

+EZTV Torrents TV muestra proveedor

+Mega.co.nz La nueva empresa comenzó por el ex propietario de MegaUpload Kim Dotcom

+Lumfile Servidor de archivos en la nube gratuito: pague los servicios premium

+Los proveedores de Etsy 93 de ellos

+PizzaForCoins.com

+Domino´s Pizza pague su pizza con bitcoins

+Whole Foods tienda de alimentos (mediante la compra de tarjetas de regalo de Gyft)

+Bitcoincoffee.com Compre su café favorito en línea

+Grass Hill Alpacas Una granja local en Haydenville, MA

Jeffersons Store Una tienda de ropa de calle en Bergenfield, NJ

+Helen´s Pizza Jersey City, NJ, Puede obtener un trocito de pizza por 0.00339 bitcoin al apuntar su teléfono hacia un letrero al lado de la caja registradora. Una limusina. Recójalo y déjelo en Newark (NJ) Airport +Seoclerks.com. Obtenga El trabajo de SEO realizado en su sitio es barato.

+Mint.com Mint extrae todas sus cuentas financieras en un solo lugar. Establezca un presupuesto, haga un seguimiento de sus objetivos y haga más

+Fancy.com Descubra cosas increíbles, recoja las cosas que ama, cómprelas en un solo lugar (Fuente: Fancy)

+Bloomberg.com Periódico en línea

+Humblebundle.com Sitio de juego indie

+BigFishGames.com - Juegos para PC, Mac y teléfonos inteligentes (iPhone, Android, Windows)

+Suntimes.com - Diario en línea de Chicago

+San Jose Earthquakes - Equipo de fútbol profesional de San Jose California (MLS)

+Crowdtilt.com: la forma más rápida y fácil de juntar fondos con familiares y amigos (Fuente: Â crowdtilt) +Lumfile: compañía de servidores que ofrece servidores gratuitos basados en la nube +Museo de la Curva Costera: 2200 East Red River Street, Victoria, Texas 77901, EE. UU. Gap

+GameStop y JC Penney: tienen que usar eGifter.com
+Etsy Vendors: creaciones originales de arte y joyas
+Lucha por el futuro: organización líder que busca la libertad en Internet
+i-Pmart (ipmart.com.my) - minorista Malasia en línea de teléfonos móviles y partes electrónicas
+curryupnow.com Un total de 12 restaurantes en la lista de restaurantes aceptan bitcoins en San Francisco Bay +Area Dish Network Un proveedor estadounidense de servicios de satélite de transmisión directa
+The Libertarian Party Partido político de los Estados Unidos
+Yacht-base.com - Empresa de alquiler de yates croata
+Euro Pacific - Un importante distribuidor de metales preciosos
+CEX - La cadena de intercambio tiene una tienda en Glasgow, Escocia, que acepta el bitcoin
+Straub Auto Repairs 477 Warburton Ave, Hastings-on-Hudson, NY 10706 (914) 478-1177
PSP Mollie Dutch Payment Service
Intuit una empresa estadounidense de software que desarrolla software financiero y de preparación de impuestos y servicios relacionados para pequeñas empresas, contadores e individuos.
+ShopJoy Un minorista en línea australiano que vende novedad y regalos únicos

+Lv.net Servicios de Internet de alta velocidad de Las Vegas
+ExpressVPN.com Red VPN de alta velocidad y ultra segura
+Grooveshark Servicio de streaming de música en línea basado en Braintree Estados Unidos - Procesador de pagos bien conocido
+MIT Coop Store - Librería estudiantil del Instituto Tecnológico de Massachusetts
+SimplePay - El servicio de billetera más utilizado en la web y móvil de Nigeria
+la librería SFU - Universidad Simon Fraser en Vancouver
+Partido Republicano del Estado de Canadá "Primer Partido Republicano del Estado en aceptar donaciones de bitcoins (http://www.lagop.com/bitcoin-donate)
+mspinc.com Tienda de suministros para equipos médicos respiratorios
+Shopify.com Una tienda en línea que permite a cualquier persona vender sus productos
+El mayor minorista de Famsa, México
+Naughty America Proveedor de entretenimiento para adultos
+La Universidad de las Américas Puebla de México "Una universidad importante en México
+MovieTickets.com Intercambio / minorista de entradas-tickets de cine
+Dream Lover Servicio de relaciones y parejas Online
+Lionsgate Films El estudio de producción detrás de títulos como The Hunger Games y The Day After Tomorrow
+Rakutan gigante del comercio electrónico japonés
+Badoo Online dating network
+RE / MAX London, franquiciado basado en el Reino Unido de la red global de bienes raíces
+T-Mobile Poland Compañía de recarga de teléfonos celulares en Polonia

+Compañía de pagos basada en Stripe San Francisco
+Agencia de viajes en línea WebJet
+Green Man Gaming Revendedor de juegos digitales populares
+Organización benéfica Save the Children Global
+Sistemas de punto de venta de NCR Silver
+One Shot Hotels cadena hotelera española
+Coupa Cafe en Palo Alto
+Proveedor de VPN PureVPN
thats my face crea figuras de acción
+Foodler Compañía de entrega de restaurantes norteamericanos
+Amagi Metals Mobiliario de metales preciosos

#PRODUCTOS TOP

Ledger Nano S	9.1
Coinmama	8.6
eToro	8.2
Coinbase	7.8
CEX.io	7.1

EL BITCOIN HA MUERTO 308 VECES HASTA LA FECHA
"Bitcoin es inútil como mecanismo de pago y ridículo como una tienda de valores" - CNBC | $ 6,195

Bitcoin continuará cayendo, porque "simplemente no tiene ningún valor allí", dijo el ex director ejecutivo de PayPal, Bill Harris, a CNBC el martes 14 DE ABRIL 2018. Las principales preocupaciones del ex director general de tecnología financiera sobre bitcoin incluyen su lento tiempo de transacción, los desafíos de escala y la volatilidad.

https://www.cnbc.com/2018/08/14/ex-paypal-ceo-theres-just-no-value-in-bitcoin.html

"¿Por qué soy un Crypto Esceptico?" - NYTimes | $ 7,740.01

"... los entusiastas de las criptomonedas están celebrando el uso de la tecnología de vanguardia para restablecer el sistema monetario hace 300 años. ¿Por qué querrías hacer eso? ¿Qué problema soluciona? Todavía tengo que ver una respuesta clara a esa pregunta ".

https://www.nytimes.com/2018/07/31/opinion/transaction-costs-and-tethers-why-im-a-crypto-skeptic.html

"Lobo de Wall Street' Jordan Belfort sobre el bitcoin: 'Sal si no quieres perder todo tu dinero'" - CNBC | $ 6,097.18

"[Bitcoin] está basado en la Gran Teoría de los Tontos", dice Belfort en un reciente video de YouTube. "Lo sé mejor que nadie en el mundo. No estoy orgulloso de eso, pero lo hago. Belfort dice que las subidas de precios de bitcoin son solo gracias a la creencia de los compradores de que seguirán existiendo los "tontos más grandes" a quienes pueden vender el activo a un precio más alto ". no tiene un valor fundamental [con bitcoin], todo está basado en el próximo chico y el siguiente tipo ", dice." Vete si no quieres perder todo tu dinero porque " € | hay una gran posibilidad de que se rompa. Y cuando realmente se rompa, no vas a poder vender en tu camino hacia abajo, no habrá liquidez. " Greater Fools Theory es una idea que Belfort que se benefició del Stratton Oakmont.

Fue condenado a 22 meses en una prisión de California después de declararse culpable en 1999 de un engaño de siete años de su firma Long Island brokerage, Stratton Oakmont, que manipuló el precio de las acciones y dejó a los inversores con valores casi inútiles. Según Belfort, esa experiencia le ha dado una idea de un activo financiero moderno: Bitcoin. "

https://www.youtube.com/watch?v=7uKFfuSI6Ag

"Bitcoin ha caído a su punto más bajo desde noviembre y probablemente desaparecerá por completo" Independent | $ 5,928.41

Las funciones clásicas del dinero son triples: son un medio de intercambio, una unidad de cuenta y una reserva de valor. En este recuento, ninguna de las ciberciudades se acumula. Tienen un uso marginal como medio de intercambio porque algunas personas los aceptarán a cambio de bienes y servicios, pero son demasiado volátiles como para ser útiles como unidad de cuenta o como depósito de valor. De hecho, en la mayoría de las transacciones no sirven realmente como medios de intercambio porque primero tienen que cambiarse a dinero real. Sin embargo, son una clase de activos como el oro, los vinos finos o los autos clásicos ... ¿Qué hay detrás de Bitcoin? Bueno, no está claro que haya nada allí. Es posible que los titulares de Bitcoin lo respalden colectivamente, ya que lo aceptarán a cambio de bienes y servicios. Eso le permitiría continuar. Pero si colectivamente intentan escapar, habría una situación en Bolívar. ¿Podría haber apoyo colectivo? El problema es que no sabemos a quién pertenece el Bitcoin

¿Podría haber apoyo colectivo? El problema es que no sabemos a quién pertenece el Bitcoin. La evidencia anecdótica sugiere que los poseedores más grandes en el mundo desarrollado se dividen en cinco grupos. Hay algunas personas conocedoras de la tecnología que llegaron muy temprano y vieron las criptomonedas casi como un juego. Probablemente todavía estén reteniendo todo o la mayoría de sus acciones. En segundo lugar, hay personas en todo el mundo que de repente han ingresado al dinero â € "trabajadores del sector petrolero en Kazajstánâ €" y quieren incluirlo en una variedad de inversiones diferentes. En tercer lugar, hay estudiantes de informática, que literalmente compraron el bombo y pusieron dinero en efectivo en unos pocos Bitcoins mientras todavía eran asequibles. Cuatro, hay inversionistas generales, muchos de los cuales fueron engañados en el otoño pasado y están atrapados en grandes pérdidas. Y finalmente están los titulares ilegales o que evitan los impuestos que quieren un activo que está bajo el radar. La pregunta intrigante es esta: ¿quién, entre estos grupos, realmente necesita vender? Conoceremos la respuesta muy pronto. Mi instinto es que estas criptomonedas desaparecerán en una nube de humo. Solo espero que no demasiadas personas no estén demasiado heridas cuando suceda.
https://www.independent.co.uk/voices/bitcoin-latest-price-concurrency-money-exchange-rate-analysis-a8424651.html

"Bitcoin podría destruir el Internet, el supervisor del banco central dice" Bloomberg | $ 6,507.45
El Banco de Pagos Internacionales acaba de decir al mundo de las criptomonedas que no está listo para el horario de mayor audiencia, y que, en lo que respecta a los servicios financieros convencionales, puede que nunca llegue. En un artículo fulminante de 24 páginas publicado el domingo como parte de su informe económico anual, el BPI dijo que Bitcoin y su clase sufrían de "una serie de deficiencias". eso evitaría que las criptomonedas cumplieran alguna vez las elevadas expectativas que provocaron una explosión de interés, e inversión, en la clase de activos potenciales.
https://www.bloomberg.com/news/articles/2018-06-17/bitcoin-could-break-the-internet-central-banks-overseer-says

"Bitcoin es la estafa más grande de la historia" Bill harris Recode | $ 8,891.62
Estoy cansado de decir: "Ten cuidado, es especulativo". Entonces, "ten cuidado, es el juego". Entonces, "ten cuidado, es una burbuja". De acuerdo, lo diré: Bitcoin es una estafa. En mi opinión, es un esquema colosal de bombas y volcado, que el mundo nunca ha visto. En un juego de bomba y volcado, los promotores â € œpumpâ € ?? subir el precio de una seguridad creando un frenesí especulativo, luego "dumping"? algunas de sus tenencias a precios artificialmente altos. Y algunas criptomonedas son fraudes puros. Los perdedores son compradores mal informados atrapados en la espiral de la codicia. El resultado es una transferencia masiva de riqueza de las familias comunes a los promotores de Internet. Los promotores afirman que la criptomoneda es valiosa como (1) un medio de pago, (2) una reserva de valor y / o (3) una cosa en sí misma. Ninguna de estas afirmaciones es verdadera.
https://www.recode.net/2018/4/24/17275202/bitcoin-scam-cryptocurrency-mining-pump-dump-fraud-ico-value

"Por qué Bitcoin es una mierda, explicado por un experto"
Vox | $ 6,790.53

Nicholas Weaver, un investigador en el Instituto Internacional de Ciencias de la Computación en la Universidad de Berkeley. Weaver enseña un curso sobre blockchains y parece pensar que la tecnología, en el mejor de los casos, está equivocada y, en el peor de los casos, es un fraude. Hay blockchains privados, que es una tecnología de hace 20 años que de alguna manera hace que los idiotas le tiren dinero, y luego tienes blockchains públicos, que se supone que es una estructura descentralizada de mantenimiento de registros pero, en realidad, ambos están centralizados y horriblemente ineficiente. El uso de blockchains privados es bastante variado porque no hay nada nuevo y es una vieja idea.

El uso de blockchains públicas se limita básicamente a cryptocurrencies o divisas. Ninguna de las criptomonedas está verdaderamente descentralizada. En realidad, están controlados centralmente por los mineros, quienes básicamente pueden reescribir la historia a voluntad ... Estos sistemas requieren una cantidad obscena de energía para funcionar. Y las blockchains no están descentralizadas y no son eficientes, por lo que socava los dos puntos principales a su favor. Pero las criptomonedas tampoco funcionan, porque en realidad no funcionan como monedas. El fundamento de estas cosas es que no existe una autoridad central, lo que significa que nadie puede bloquear o deshacer una transacción.

Y hasta ahora, al menos, es cierto que las transacciones no están bloqueadas. Pero, ¿por qué necesitas un sistema así? Porque estás haciendo una transacción que de otra manera bloquearía una autoridad central, como pagarle a un sicario o comprar drogas ... Si para eso necesitas dinero, las criptomonedas son el único juego de la ciudad. Pero si no necesitas comprar drogas o sicarios, las criptomonedas son mucho menos eficientes ...

si quieres comprar algo que no quieres que la gente sepa, puedes usar una tarjeta de crédito de prepago. Todavía no hay necesidad de Bitcoin.

https://www.vox.com/conversations/2018/4/11/17206018/bitcoin-blockchain-cryptocurrency-weaver

"Bitcoin se basa en el sueño de la cadena de bloques" The Guardian | 11,293.35

Las predicciones de que el bitcoin y otras criptomonedas fallarán generalmente provocan una defensa más amplia de la tecnología blockchain subyacente. Sí, dice el argumento, más de la mitad de las "ofrendas iniciales de monedas" hasta la fecha ya han fallado, y la mayoría de las más de 1,500 criptomonedas también fallarán, pero blockchain, sin embargo, revolucionará las interacciones financieras y humanas en general. En realidad, blockchain es una de las tecnologías más sobrecargadas de la historia. Para empezar, las blockchains son menos eficientes que las bases de datos existentes. Cuando alguien dice que está ejecutando algo en una cadena de bloques, lo que generalmente quieren decir es que están ejecutando una instancia de una aplicación de software que se replica en muchos otros dispositivos. El espacio de almacenamiento requerido y la potencia de cálculo son sustancialmente mayores y la latencia es más alta que en el caso de una aplicación centralizada.

https://www.theguardian.com/business/2018/mar/05/bitcoin-is-based-on-the-blockchain-pipe-dream

PARA MAS INFORMACIÓN VETE A:
WWW.COLINRIVAS.COM
WWW.66BITCOINS.COM
TIENDA CAMISETAS TEESPRING COLIN RIVAS SHOW

BIBLIOGRAFIA Y FUENTES CITADAS

CRYPTOASSETS: THE INNOVATIVE INVESTOR'S GUIDE TO BITCOIN AND BEYOND -- UNABRIDGED
JACK TATAR (AUTHOR), CHRIS BURNISKE (AUTHOR), 2017

DIGITAL GOLD: BITCOIN AND THE INSIDE STORY OF THE MISFITS AND MILLIONAIRES TRYING TO
REINVENT MONEY -- NATHANIEL POPPER (AUTHOR), HARPERAUDIO (PUBLISHER) ©2015
NATHANIEL POPPER (P)2015 HARPERCOLLINS PUBLISHERS

THE INTERNET OF MONEY --ANDREAS M. ANTONOPOULOS (AUTHOR), MERKLE BLOOM LLC
(PUBLISHER) 2014

THE AGE OF CRYPTOCURRENCY: HOW BITCOIN AND DIGITAL MONEY ARE CHALLENGING THE
GLOBAL ECONOMIC ORDER -- MICHAEL J. CASEY (AUTHOR), PAUL VIGNA (AUTHOR),
©2015 PAUL VIGNA AND MICHAEL J. CASEY (P)2015 GILDAN MEDIA LLC

ETHEREUM: THE DEFINITIVE QUICK & EASY BLUEPRINT TO UNDERSTAND AND PROFIT WITH
ETHEREUM, BITCOIN AND OTHER CRYPTOCURRENCIES -- VICTOR FINCH (AUTHOR, PUBLISHER)
©2017 VICTOR FINCH (P)2016 VICTOR FINCH

FILM (WOLF OF WALL STREET) EL LOBO DE WALL STREET (2H 59MIN)
DIRECTOR:MARTIN SCORSESE ACTORES:LEONARDO DICAPRIO, JONAH HILL, MARGOT ROBBIE...,
EE.UU., ENERO 2014
WWW.YOUOWEUS.CO.UK
WWW.NANOPOOL.ORG
WWW.SIMPLEXCC.COM
WWW.EXODUS.IO
BUY.BITCOIN.COM
WWW.SHAPESHIFT.IO
CHANGELLY.COM
HITBTC.COM
UPHOLD.COM
EXMO.COM
COMODMINAR.INFO
COINMAMA.COM
WWW.COINMARKETCAP.COM
WWW.COINCLARITY.COM/ICO/
WWW.JAXX.IO
WWW.HAVEIBEENPWNED.COM
WWW.CRYPTOCOMPARE.COM
SIMPLEMINING.NET
WWW.WALLET.TREZOR.IO
WWW.ETHEREUM.ORG/TOKEN

www.ingramcontent.com/pod-product-compliance
Lightning Source LLC
Chambersburg PA
CBHW031532040426
42445CB00010B/507